안녕하세요！

釜山

2024~25 最新版

旅遊 新 情報

Joyce Cheuk 著

知出版

釜山 HCN 放送
訪談節目《수다방》(2023.11)

不經不覺，這是我的第十本書，感覺有點不可思議！

2016 年第一次寫釜山，當年在釜山旅居了一個月，連帶發掘了由釜山到大邱小旅行的內容；2019 年第二次寫釜山，幾年來走訪大小城市的次數多了，了解更深，就製作了以釜山為中心兼遊慶尚南道的內容；2023 年第三次寫釜山，正是在釜山進修和居住的第三年，記錄下來的不只是一個城市的介紹，更多的是記錄這城市的發展和變遷。

礙於篇幅所限，本書未能將我多年來所了解的釜山一一細數，但是我已努力將釜山三年來最大變化、最多新鮮事推介給大家，從而令你對今天的釜山多一點概念，有深刻印象。

還記得準備編寫此書時，剛好籌備香港中文大學 Global Studies 的海外考察內容行程，與同學們一起考察韓國。那次安排了一半行程在釜山，讓同學了解釜山的電影文化、觀光景點、近代歷史、都市再生、科技和當地飲食文化等，互動交流的方式能分享更多我所了解的釜山多面文化，甚至是深度韓國文化。希望來年有更多面對面的渠道，更立體和深入推廣釜山這個地方。

感謝多年來每一位購書的讀者朋友，感謝一路給予支持的大家，也感謝堅持做這件事的自己，繼續努力！

Joyce Cheuk

↑密陽方向

洛東江

金井區

梵魚寺

釜山綜合
巴士客運站

金井山城

水營江

北區

江西區

龜浦站

東萊區

釜山Asiad
主競技場

蓮堤區

金海國際機場

沙上區

釜山鎮區

釜田站

水營

釜山西部
巴士客運站

廣安

南區

東區

西區

釜山站

釜山港

沙下區

影島區

南浦洞、
中區

P.62

影島

P.40

⬆慶州方向

機張
P.136

機張郡

仁川　首爾

慶州

大邱

釜山

濟州島

機張站

奧西利亞站
（OSIRIA Station）

東釜山樂天
Premium Outlet

海東龍宮寺

海雲台區

廣安大橋

海雲台
P.106

水營區、廣安里
P.92

西面
P.62

釜山鐵道路線圖可掃
描下方 QR code

遊釜山必備 8 件事

2024 年最新

❶ 韓國入境及防疫政策

從 2023 年 4 月起，香港、台灣等地區的民眾不需要申請 KETA 就可以免簽證入境韓國，但在入境時仍需要填寫韓國入境資料（紙本韓國入境卡）。自 2023 年 5 月起，如果沒有需要申報海關的物品，就不需要填寫海關申報單，如有申報需求，自 7 月起也可線上填寫申報及繳交稅金。

韓國從 2023 年 7 月起取消旅客填寫入境檢疫用的 Q-code 申報健康，完全免除檢疫手續。

2024 年最 Update

❷ 退稅須知

──────── 機場的退稅手續 ────────

航廈的電子退稅機設有中文頁面，非常容易使用，旁邊也有工作人員協助。

──────── 金海機場退稅流程 ────────

跟着以下 3 個步驟就可以簡單在機場退稅。

STEP ❶ 備妥收據及退稅單

在可退稅店家購物到達一定金額後，結賬時出示護照要求退稅，結賬完畢會給兩張單據，一張是收據，一張是退稅單。去機場前可先把退稅單上的資料填好，單子上有幾個欄位：護照號碼、姓名、國籍、信用卡號、簽名欄（地址可不填）等。

STEP ❷ 海關申報

在 2/F 出境大廳找 B24 旁的海關申報櫃枱（跟航空公司登機報到櫃枱同一排），再去櫃枱對面使用退稅機，跟着指示操作。先掃描護照，再掃退稅單上的條碼，然後決定是否作海關申報。

STEP ❸ 登機前辦理退稅

通過安檢後，往 4 號登機閘口走，在免稅店對面就可看到退稅窗口。把護照和退稅單給工作人員，他會請你選擇要退稅的幣別，有美金、日元和韓元三種。

❸ 遊韓必備 App

──────── 交通 ────────

Tmoney Go

可查市外巴士時間表的手機軟件，如有韓國銀行發行的信用卡可直接以 App 購買車票。當然也可以到

售票處和自動售票機購買。上車時會以人手查票或掃 QR Code 對票。

Kakao Taxi App

電召的士可點對點查閱前往路線，也會列明車牌資料。

KTX 鐵路 App

可點對點查詢所有鐵路路線和時間表，包括 KTX、ITX、無窮花號等。

---------------- 韓國地圖 ----------------

雖然是韓文 App，但更新的資料較實時，使用時可以 Copy & Paste 或直接輸入韓文。2023 年起開始設有英文版，雖然暫時不是 100% 全英文，但已比從前容易使用得多。

Naver Map

常用地圖 App 之一，電腦版更有單車地圖。

KakaoMap

可連 KakaoTaxi 使用，如有韓國手機號碼可直接召的士，就算沒有韓國手機，也可以大約知道行車所需時間、車費等資料作參考。

地圖 App 特點：

① 可點對點查閱前往方式，包括步行、公共交通工具及的士路線。
② 設有單車可行路線。
③ 顯示乘的士預計所需車資及時間。

---------------- 翻譯 ----------------

Papago naver 比 Google translate 更好用、更準確。

---------------- 預約餐廳 ----------------

最近有說 Naver 慢慢開放給外國人以護照作實名登記啟動 Naver Account，方便進行預約。不過韓國另外兩大餐廳預約 App 仍有好處。

Catch Table Global

它是 Catch Table 的 Global 版，本身 Catch Table 只有韓國版，只供有實名登記電話號碼的人使用，不久前 Catch Table 推出了海外版，以 Google / Apple account 就可以登記，部分餐廳也接受以海外信用卡預付預約金進行預約，非常方便。

很多餐廳門外都貼有一個 Tabling Kiosk 以作取號之用，有了 App 版就更方便了。

④ 兌換韓圜新方法

找換店

在西面、南浦、海雲台等有找換店兌換。

友行銀行 Global ATM。

有標註 Global ATM 的櫃員機基本都可提取。

海外 ATM 提款

如果身上的韓幣都用完，如何是好？記得出發前開通提款卡的海外提款功能，就可以在韓國各大銀行有標明 Global ATM 的櫃員機提取韓幣。筆者常常都是提取 100 萬韓幣（約 6,000 元港幣），手續費由發卡銀行一次性收取。

註 ₩ 1,000 約可兌換港幣 $6

Money Box Exchange

Money Box 主要有 Money Exchange（兌換所）和 Money 24h（無人兌換機）。

Money Exchange 遍佈韓國主要城市如首爾、釜山、光州和京畿道地區，之後還將推出網上兌換及海外小額匯款，須持護照、身份證或外國人身份證來兌換外匯。Money 24h 換錢簡單易用，可兌換 16 個國家的貨幣。

建議可以上其網站先參考匯率：

Cashmallow App ≋ cashmallow

Cashmallow 的優點是不僅可利用香港銀行戶口申請，而且在 App 申請韓元，成功匯款後會每 ₩ 300,000（約 1,800 元港幣）為一個暫存錢包，可以搜尋最近的便利店 ATM 櫃員機提款。

便利店 ATM 櫃員機。

透過 App 可以即時查看匯率，手續費為每次 HK$10（每 ₩ 1,000,000）。

筆者實測，申請匯款、入賬和上載入數記錄後，大概 30 分鐘至 1 小時就收到到賬通知。

申請步驟：

① 以個人帳號密碼登入。
② 在首頁選擇「海外匯款（송금）」。
③ 輸入想匯款的金額，實際金額及手續費會自動計算，也可當成匯率計算機使用。
④ 確認匯款資料正確後提交匯款申請。
⑤ 選擇 Cashmallow 的銀行。
⑥ 確認金額及銀行資料。
⑦ 在 Online Banking 或 ATM 匯款到 Cashmallow 帳戶。
⑧ 一小時內上傳匯款收據。

Cashmallow 設四個提款系統。

提款程序：

❶ 在 App 選擇「提領」。
❷ 以 GPS 搜尋就近便利店。
❸ 確認 ATM 畫面左上角的 ATM 系統名稱。
❹ 取錢前先看一下 ATM 的系統名稱，及 App 內的操作說明。

註：以上經銀行、找換店、金融機構及行動支付或錢包兌換現金的使用條例存在風險，須事前自行仔細了解。以上陳述只屬發稿前筆者的實際經驗，不存在任何廣告成分。

WOWPASS

WOW Exchange 可利用外幣兌換韓元現金或儲在 WOWPASS card 當扣賬卡使用。

❺ 外國人都可以用的扣賬卡 WOWPASS

STEP ❶

於韓國自動換錢機購買 WOWPASS 卡，70 多台自動換錢機設於釜山萬豪酒店、樂天百貨、Lotte Premium Outlets、東橫 Inn 等。

STEP ❷

安裝 WOWPASS App，登記已購買的 WOWPASS 卡，可確認消費紀錄及餘額。

STEP ❸

於韓國各地使用卡後，會透過 App 接收通知。此外亦可於 App 確認各種品牌的特別現金回饋。

STEP ❹

WOWPASS 卡內含 T-money，只要為 T-money 加值，便可當成交通卡乘搭交通工具。

STEP ❺

離境前，於自動換錢機將餘額提取現金。

網址：www.wowpass.io

一卡在手，如同當地扣賬卡一樣使用。內裏已包含 T-money，可當作交通卡搭乘巴士、地鐵等，毋須另購。

WOW Exchange 自動發售機，準備好護照，即可購買 WOWPASS 卡。

❻ 用 KTX 遊歷全國

往來韓國各城市的便利交通方式之一就是火車。韓國的火車依速度和設施分為高速列車 KTX、KTX 山川、新村號、ITX 新村號、無窮花號、Nuriro 號，車資各異。

KORAIL Pass（Korea Rail Pass）是

外國遊客能使用的韓國火車通行證，可以按旅行日數選擇（2、3、4 及 5 日），在規定日數內可不限次數乘搭 KTX 等一般列車以及 5 種特定觀光列車。

遊客可透過海外經銷處或 Let's Korail（韓國鐵道公社）網站訂購 KORAIL Pass 兌換券（eTicket），抵達韓國後持兌換券於金海機場或韓國主要火車站兌換 KORAIL Pass，再預留指定班次座位。KORAIL Pass 可能在春節、中秋節等特別日子禁止使用，而且在升級特等車廂時會追加費用，請事前於 Let's Korail 網站上確認。

筆者多用內陸機（國內線）穿梭各城市，如金海－濟州、金浦－金海、金海－大邱等，只要湊合着出行地點和時間，可能會比 KTX 更便宜、更快。

❼ 以內陸機作城市遊更方便

以金海機場為例：

❶ 抵達客運大樓

辦理報到服務在航班出發前 30 分鐘結束。請在航班出發前最少 1 小時抵達機場並完成登機手續。

② 發出登機證

可通過網上辦理登機手續或在機場櫃位領取。如果只有手提行李，自助取登機證後可以直接到安檢。

③ 託運行李

於自助行李託運機或機場櫃台辦理。

④ 保安檢查

向出發區入口處保安人員出示登機證和護照，通過保安檢查，然後前往登機閘口。

⑤ 登機

如有，請將手機登機證儲存於手機內。航班出發前 20 分鐘開始登機，並在出發前 10 分鐘停止登機。

注意

由 2022 年起，旅客搭乘韓國國內航班，如未有攜帶其身份證明文件（護照、居民登記卡、駕駛執照、居民登記文件等）正本，不會獲准登機。如果滿 19 歲，則需出示居民登記文件或摘要、親屬關係證明書、健康保險卡、學生證、在學證明、青年身份證明文件（文件上必須有出生日期）。

⑧ 寄存行李

大家不用擔心，隨着韓國重新開放旅遊，在釜山站 Korail 旅客中心旁、近車卡 13 至 18 段的一邊有大量儲物櫃可租用。

釜山、慶尚南道最新交通資訊

❶ 香港至釜山直航

HK ➜ PUS
週二、五、日 09:05~13:20

PUS ➜ HKG
週二、五、日 14:10~17:15

香港快運設有由香港直航來往釜山金海國際機場的航班。

❷ 機場往市中心

金海輕電鐵

機場出口對面就是輕電鐵空港站，如行李不是太多，可以乘輕電鐵到市中心沙上站再轉乘 2 號線到西面站，車程約 30 分鐘。

機場巴士

可以在機場的巴士站直接購票前往釜山市內、統營、巨濟、鎮海等慶尚南道各城市，車程 1~2 小時。同時也有到韓國各城市及仁川國際機場的機場巴士。

往海雲台方向₩ 10,000，頭班車06:55、尾班車 21:55，每 30 分鐘一班。

❸ 釜山市內交通

地鐵

釜山站 KTX 及地鐵站。

釜山地鐵車資（資訊更新至 2023 年 11 月）：

交通卡（T-Money）
成人（19 歲以上）₩ 1,450 起
青少年₩ 1,050 起、小童₩ 700 起

現金購票
成人（19 歲以上）₩ 1,550 起
青少年₩ 1,150 起、小童₩ 700 起

巴士

❶ 上落巴士時，將 T-money / cashbee 輕觸右側的感應器。

❷ 從 2023 年 10 月 6 日起，以交通卡結算，一般巴士成人₩ 1,550、座席巴士（紅色 1001、1003）成人₩ 2,050；深夜一般巴士成人₩ 2,000、深夜座席巴士（紅色 1001、1003）成人₩ 2,500。

巴士資訊

的士

一般的士
基本費用 ₩ 4,800/2km，附加₩ 100/132m 或 ₩ 100/33sec

模範 / 大型的士
基本費用₩ 7,500/3km，附加₩ 200/140m 或 ₩ 200/33sec

Busan City Tour 釜山觀光巴士

釜山觀光巴士設有 1 日券，可自由上下車參觀。
紅線：釜山站 ⟷ 海雲台循環
綠線：釜山站 ⟷ 太宗臺循環
橙線：釜山站 ⟷ 多大浦站循環

地　釜山站廣場旁（Toyoko Inn / Encore Ramada 酒店前）

費　成人 ₩ 15,000、兒童 ₩ 8,000（於釜山站釜山市區觀光巴士大型巴士停車場購買車票）

巴士資訊

休　週一及二

天氣好且遇上開蓬巴士更有 Feel。

車廂內部。每個座位前方設有小屏幕顯示到站站名。

❹ 釜山往慶尚南道各地交通

金海機場市外巴士 Intercity Bus
（리무진 시외 버스）

可到慶州、浦項、東大邱、蔚山、鎮海、昌原等地。

巴士資訊

價格參考：（更新至 2023 年 11 月）

- 往巨濟（玉浦、張承浦 / 高賢）₩ 9,400
- 往慶州 / 浦項 ₩ 14,900
- 往大田（龜尾）₩ 18,300
- 往東大邱 ₩ 11,100
- 往蔚山 ₩ 8,800
- 往鎮海 ₩ 9,400
- 往昌原 / 馬山 ₩ 9,100

釜山西部巴士總站（부산서부버스터미널）

除了機張，幾乎所有釜山地區的巴士都會經過這裏，主要來往首爾、鎮海、慶州等。

巴士資訊

地　釜山市沙上區沙上路 201（부산시 사상구 사상로 201）

交　地鐵 1 號線沙上站 3 號或 5 號出口附近

海雲台巴士站（해운대버스터미널）

有往返機張林浪海灘等地的觀光巴士，也有往返金海、蔚山、東首爾、安山等的長途巴士。

地　釜山市海雲台區海雲台路 641（부산시 해운대구 해운대로 641）

釜山綜合巴士站（부산종합버스터미널）

位於地鐵 1 號線老圃站，是釜山最大的綜合巴士站，有前往釜山郊區的巴士，也有往返首爾、慶州、全州、大邱的高速巴士。

地　釜山市金井區中央大路 2238（부산시 금정구 중안대로 2238）

Visit Busan Pass 攻略

Visit Busan Pass 可於網上或大型車站如 KTX 釜山站購買。

2023 年 2 月登場！

Visit Busan Pass 釜山通行證有 24 小時和 48 小時兩種版本，使用期限從第一次進入景點時開始計算。2023 下半年更推出行動版通行證 Big3 及 Big5，迎合遊客不同需要。

免費景點只要出示 Visit Busan Pass 就可以自由參觀（每張卡每個景點限用一次），提提大家，各設施的營業情況請事前作確認或預約，另外優惠內容也可能不定時改變或新增，建議到官網查詢最新合作景點。

另外憑 Visit Busan Pass 可到近 100 個景點 / 餐廳 / 商店享折扣優惠，也可以免費乘坐城市觀光巴士。

卡種：虛擬版（App 版）及實體版

Visit Busan Pass 48 小時（₩ 69,000）

通行證將在首次使用後有效 48 小時，可憑證免費參觀每個景點。

例：1 月 1 日上午 9 點使用通行證參觀免費景點，時限至 1 月 3 日上午 8 點 59 分為止，在此期間皆可入場。

實體卡通行證包含 ₩ 3,000 的交通卡加值金。

行動版通行證沒有交通卡功能，不能另外加值或當成交通卡使用。

Visit Busan Pass 24 小時（₩ 49,000）

通行證將在首次使用後有效 24 小時，可憑證免費參觀每個景點。

例：1 月 1 日上午 9 點使用通行證參觀免費景點，時限至 1 月 2 日上午 8 點 59 分為止，在此期間皆可入場。

實體卡通行證包含 ₩ 3,000 的交通卡加值金。

行動版通行證沒有交通卡功能，不能另外加值或當成交通卡使用。

Big 3 通行證（₩ 45,000）

可以選擇 3 個景點：一個 A 組景點與兩個 B 組景點。

通行證有效期是在參觀第一個免費景點後的 180 天。

Big 5 通行證（₩ 65,000）

可以選擇 5 個景點：兩個 A 組景點與三個 B 組景點。

通行證有效期是在參觀第一個免費景點後的 180 天。

注意

行動版通行證沒有交通卡功能，不能另外加值或當成交通卡使用。

玩盡小貼士

❶ 盡量安排同區活動，如釜山樂天世界、Skyline Luge、Cabinet de Poissons 同在機張，安排在同一天可節省交通時間。第二天就安排海雲台一帶景點，如海雲台海洋列車、X The Sky、Ryan Holiday in Busan，晚上再到 Spa Land 盡興。

❷ 根據行程盡用 Pass：例如筆者購買 48 小時 Pass，就安排在下午 4 點啟用，計上來有三天的白天時間

活動，晚上也可到 Spa Land 汗蒸幕和夜晚郵輪。

❸ 可盡量安排體驗活動。

❹ 部分景點於週一或指定日子休息，例如 Busan City Tour Bus 休週一及二，而部分景點於週末則相對熱鬧。

景點	原價
釜山樂天世界	₩ 47,000（Afternoon pass ₩ 36,000）
Skyline Luge	₩ 27,000（2 程）
Cabinet de Poissons	₩ 15,000（成人）
Spa Land	₩ 24,000（成人）
X The Sky	₩ 27,000
Ryan Holiday in Busan	₩ 20,000
Diamond Bay	₩ 30,000
合共	**₩ 190,000**

若使用 Visit Busan Pass 48 小時（₩ 69,000），相當打了一個 37 折！

Visit Busan Pass 48 小時。

網站：www.visitbusanpass.com｜查詢：support@visitbusanpass.com

釜山特集
春秋賞花遊

釜山可說是韓國賞櫻勝地之一，最佳賞櫻期一般在 3 月底至 4 月中旬，不過近年天氣反常，有時實際花期與預測會有一定差距，按筆者多年經驗，主要根據氣溫和雨量來調節追櫻行程，例如剛過去的冬天是暖冬或是寒冬、溫度比之前一年如何、下雨的程度等等，都會影響花期長短和盛開狀況。

除了平常的街道櫻花處處，還有一些特有景點，經長年栽種，形成一個個賞櫻熱點。釜山的賞櫻地點大多在市區，安坐在餐廳或咖啡廳裏就可以賞櫻。而鄰近釜山的慶尚南道鎮海，也是韓國人和旅客最愛的賞櫻地，交通比從首爾出發更方便啊！

迎月路
달맞이길

迎月路是其中一個大熱的釜山賞櫻地點，每逢櫻花季，整整 8 公里的迎月路兩旁櫻花盛放，吸引不少市民和遊客到訪，駕車的可以兜風，行人也可以散步。一般人會以迎月公園作起點，順着迎月路，經過海月亭、迎月廣場等。馬路對面有些咖啡店和餐廳，可以在此小休，邊賞櫻邊喝咖啡。

特點
1. 沿路櫻花樹
2. 賞櫻黃金期車輛很多，未必能容易拍到沒有車的畫面

地　釜山市海雲台區海雲台海邊路 264
（부산시 해운대구 해운대해변로 264）

交　地鐵 2 號線**中洞站** 5 號出口或 7 號出口直行（向上斜方向），至迎月路公園，約 2 公里（10 分鐘），由此作起點

東萊溫泉川櫻花路

溫泉川벚꽃로

東萊溫泉川櫻花路長約 2.3 公里，步行約 35 分鐘，河川兩旁種有櫻花樹，中間有小橋或石溪路互相通往。不過最大發現是原來從東萊站 2 號出口步行約 10 分鐘，就會同時看見油菜花田和櫻花路！所以溫泉川櫻花路比其他賞櫻地點更具獨特個性。

另外，每到花季，也是不同慶典的最佳時機，各式各樣的小食檔、攤位令櫻花慶典更見精彩！

特點　❶ 櫻花慶典
　　　　 ❷ 有小油菜花田，是市區少見的特色景點
　　　　 ❸ 當地居民也喜愛在這裏消閒散步

地　釜山市蓮堤區蓮山洞
　　（부산시 연제구 연산동）
交　地鐵 1 或 4 號線**東萊站** 2 號出口，步行可到溫泉川起點。或地鐵 1 號線**教育大學站** 4 或 6 號出口，向東北方向河邊走約 5 分鐘就到達溫泉川櫻花路

南川洞櫻花路

남천동벚꽃길

南川洞櫻花路其實是廣安里一個大型屋苑삼익비치타운아파트的主要馬路，每逢 4 月，馬路兩旁連綿的櫻花樹盛放時，就會形成長長的櫻花隧道，駕車人士和行人都好像在玩「火車捐山窿」一樣。不過提提大家，想拍美麗的櫻花相，千萬要留意交通安全，小心人車爭路喔！

筆者到訪時，剛好遇上 MBC News 的記者正在直播櫻花盛開狀況，可見這裏是必拍熱點呢！

特點　❶ 沿路盛開的櫻花道
　　　　 ❷ 小心人車爭路
　　　　 ❸ 位於屋苑範圍

地　釜山市水營區南川洞一帶
　　（부산시 수영구 남천동）
交　地鐵 2 號線**金蓮山站** 3 號出口，地面有指示往海灘方向。在接近海灘位置會發現道路兩旁有櫻花樹及住宅區，轉入便到達屋苑的櫻花路

洛東江三樂江邊公園
삼락강변공원

洛東江是韓國最長的河流，發源於江原道太白市，全長 258 公里，流經韓國東南部兩大都市——大邱和釜山，於釜山市再注入大海。

釜山其中一個賞櫻熱點就是洛東江沿岸的三樂江邊公園，岸邊更有超長的櫻花隧道，不論坐車經過或是到訪三樂江邊公園，同樣可以見識那種震撼！

特點
① 屬當地市民的公園，設有單車路和緩跑徑
② 於洛東江旁，日照和風都比較強，也比較早開花
③ 櫻花隧道長得不見盡頭，幾乎任何日照時間都可以拍得好照片，沒有太大背光問題
④ 近江邊風比較大，即使到 3 月下旬仍有點冷
⑤ 櫻花盛放時就像一個個粉白色的花球

地 釜山市沙上區掛法洞洛東江
（부산시 사상구 괘법동 낙동대로）
交 地鐵 2 號線**沙上站** 3 號出口向前走約 10 分鐘，通過行人天橋後過馬路即達

龍頭山公園
용두산공원

龍頭山公園種植了不同的樹，包括 3 月盛放的梅花樹和 4 月盛開的櫻花樹，所以釜山民眾每逢開花季節就會一家大小到龍頭山賞花。

特點
① 登上釜山塔可俯瞰釜山市景色
② 鄰近光復路

地 釜山市中區龍頭山街 37-55
（부산시 중구 용두산길 37-55）
交 地鐵 1 號線**南浦站** 5 或 7 號出口，往左直走約 10 分鐘

提提你，花季同是雨季，而油菜花田都是泥地，如到訪前下過雨，要注意腳下安全。

影島東三海水川櫻花路

영도동삼해수천벚꽃길

影島因為沒有地鐵連接，旅遊開發都比其他交通便利的地區慢一點，而在韓國海洋大學校附近的東三海水川，就有一條超級長的櫻花大道！長長的櫻花路有橋有水，人又不多，可以慢慢影個夠！

特點　❶ 當地人的賞櫻秘點
　　　　❷ 有幾節櫻花路由小木橋連接，拍照時構圖上更有特色
　　　　❸ 平日是市民的緩跑和散步路

地　釜山市影島區東三洞 1126-11
　　（부산시 영도구 동삼동 1126-11）
交　釜山站乘 101、190 或任何可到海洋大入口的巴士，在해양대입구站下車，往東三海川方向走便可

大渚生態公園

대저생태공원

大渚生態公園是釜山另一個可以同賞油菜花和櫻花之所，所以由 3 月尾至 4 月中，連串的櫻花慶典和釜山洛東江油菜花慶典都會在這裏舉行。每年的慶典都會有不同的慶祝活動一同舉行，如 2015 年的番茄農產物節慶和 2016 年的百人花田婚禮，所以在賞花的同時，也可以參與當地活動。筆者到訪時，已是櫻花慶典完結後的兩三天，漫天櫻花雨，滿地櫻花瓣，比盛放時更添浪漫。

特點　❶ 超大油菜花田
　　　　❷ 旁有櫻花道
　　　　❸ 櫻花慶典後，接着是油菜花慶典

地　釜山市江西區大渚 1 洞 2647
　　（부산시 강서구 대저 1 동 2647）
交　地鐵 3 號線**江西區廳站** 1 號出口，按指示步行 10~15 分鐘

梵魚寺
范어사

梵魚寺位於金井山東邊山腰，在金井區溫泉川附近，名列華嚴宗十剎之一，創建於文武王 18 年（678 年），與海印寺、通度寺並列嶺南三大寺院。每年來訪人次很高，尤其秋天賞楓時分，全盛時期會看到有好多顏色的金井山，就像紅橙黃色的西蘭花。

特點
1. 從寺廟看山的全景
2. 梵魚寺有提供寺院寄宿
3. 登山人士可以登山至金井山山峰（금정산 금샘）

地 釜山市金井區梵魚寺路 250（青龍洞）
（부산시 금정구 범어사로 250（청룡동））
交 釜山綜合巴士站（老圃）乘 90 號巴士，到梵魚寺售票所站下車（車程約 20 分鐘），步行 10~15 分鐘，可達梵魚寺入口。

金蓮山
금련산

金蓮山和荒嶺山有很多分支的登山徑，登山車路有不少路段都種有櫻花，而釜山人的私藏賞櫻和野餐地點之一，就在金蓮山站往金蓮山的上坡路旁，在水營區國民體育中心附近，就有一個不錯的休憩園地。

金蓮山滿山櫻花，在櫻花樹下野餐，躺在墊上，仰頭望望，就是櫻花和無雲藍天的絕美景色。

特點
1. 從地鐵站出發，上斜慢行 30 分鐘
2. 自備簡單野餐用品，在櫻花樹下野餐閒聊，不過注意沒有洗手間

地 釜山市水營區水營路 521 號街 55
（부산시 수영구 수영로 521 번길 55）
交 地鐵 2 號線**金蓮山站** 2 或 4 號出口，步行約 30 分鐘

慶南巨濟
長承浦櫻花路

장승포벚꽃길

長承浦海岸道路（장승포해안도로）沿路種植了 600 棵有 3 年樹齡的王櫻花樹，每逢 4 月初，海岸路上的櫻花樹盛放，美不勝收！

地 長承浦海岸道路（장승포해안도로）

交 由長承浦菱浦洞住民中（능포동주민센터）沿長承浦海岸道路（約 4~5km），可走到長承浦港，中途沒有車站，也可乘的士前往。

慶南鎮海

경상남도 진해

鎮海是韓國代表性的軍港都市，整個鎮海軍港節櫻花慶典通常舉辦 10 天，包括慶典前一天的前夜祭（於中原環島有特設舞台）、余佐川或帝皇山公園的前夜星光慶典、軍樂儀仗慶典、鎮海樓海上煙花慶典、軍部隊及海軍士官學校特別開放活動等等。而在中原環島及周邊可以自由找位置看表演，也可以到小食檔買酥炸原隻魷魚、各式串燒、炒栗子、炒銀杏、煮蠶蛹、炸物及飲品等。

余佐川橋（여죄천 로망스다리）

特點
1. 約 1 公里的櫻花路
2. 中間有不少橫橋及木道，可近距離拍攝
3. 可沿指示走到河川下，用多角度留影
4. 橋旁有不少小食檔，可在櫻花樹下用餐

慶和站櫻花路（경화역 벚꽃길）

特點
1. 舊鐵路軌兩旁的櫻花路
2. 軍港節期間會有舊列車停放在路軌上

Plus!

繡球花

수국꽃

釜山每逢 6 月中旬至 7 月上旬，海雲台松林公園（송림공원）和影島太宗臺等地都會有不同品種的繡球花，喜歡繡球花的可按季節前往觀賞。

帝皇山公園（제황산공원）

特點
1. 可登上鎮海塔俯瞰鎮海市景色

交 地鐵 2 號線**沙上站** 3 號出口，於釜山西部巴士總站（부산서부버스터미널），乘巴士到鎮海市外巴士總站。

釜山必食清單

釜山是韓國最大的港口城市，也是韓國的海鮮之都，加上當地近代的歷史文化關係，令釜山有不少特色美食。不妨穿過橫街小巷，在旅程中體驗真正的釜山風味！

海鮮料理

釜山與福岡相隔一個海域，海鮮產量相當豐富，如 5 月的鰻魚、6 月的鯖魚、11 月的油甘魚等，還有肥美的蠔、魷魚、紅扇貝、鮑魚、大蟹等。

一到夏天，自然不少得水拌生魚片（물회），清爽又涼快，可拌麵、拌飯，也可以當沙律，多用當造鮮魚製作。

在魚市場可以一嚐烤魚午餐。

辣炒蝦小章魚是釜山市場的名物之一，正宗的還會加入牛腸，韓國人叫做낙곱새。

海女村海鮮店，只吃最新鮮的！

紅蟹、大蟹不能錯過。

鮑魚刺身。

海帶

機張和青沙浦一帶的海帶是釜山名物，具豐富營養，在韓國文化中，海帶湯在女性生產後的保養和生日都擔當着重要角色。釜山有不少海鮮海帶湯專門店，部分餐廳更有海膽海帶湯，那海之味真的濃郁到不得了。

海膽
海帶湯。

海鮮海帶湯。

豬肉湯飯（돼지국밥）

西面路 68 號街有幾家人氣豬肉湯飯店，每家都超過 50 年歷史。最基本為豬肉湯飯，也有豬肉血腸湯飯、血腸湯飯和內臟湯飯等。雖然看似平平無奇，但是豬肉豬骨湯底熬足 12 小時，加上白煮五花肉，沒有肉腥只有肉香，而且肉的分量是超乎想像的多！當地人喜歡加入韭菜、蝦醬、辣醬和素麵 / 小麥麵同吃。

豬肉血腸
湯飯。

豬肉
湯飯。

堅果糖餅（씨앗호떡）及街頭小食

每逢週末傳統市場都非常熱鬧，購物、娛樂、美食源源不絕，必食有堅果炸糖餅、半煎炸韭菜餃子、辣炒年糕、魚糕等。

堅果糖餅，
即叫即做。

釜山地道小食。

魚糕（어묵）

三進魚糕與古來思為釜山兩大魚糕品牌，就連當地人都會以魚糕做手信。

三進魚糕。

小麥冷麵（밀면）

韓國戰爭爆發後，全韓國北面地區的難民湧到釜山並落地生根，從而將各地區的家鄉美食都帶到釜山，小麥麵就是其中之一。當時很多人是從 38 線以北逃難過來，因糧食嚴重不足，想吃家鄉冷麵時，只能以美國援助的麵粉為製作麵的材料，從而成為別具特色的小麥麵。

五香豬腳（오향족발）
涼拌豬腳（무침／냉채족발）

近國際市場的一條小巷是豬腳名店集中地。釜山豬腳有一特色，就是有涼拌豬腳，夏天吃更有風味，如果要用香港菜式作比喻，有點像海蜇燻蹄的撈起版，每次跟香港朋友說起，就一下子明白了。

東萊葱餅（동래파전）

東萊大葱煎餅是朝鮮時代東萊府使進貢給國王的傳統鄉土風味美食。釜山的東萊葱餅會放入魷魚、蝦、紅蛤等多種海鮮，還在上面放上雞蛋，蘸着醋辣椒醬吃最為美味。

OPS

釜山著名麵包店，創於 1989 年。多年來堅持使用天然材料與純手工烘烤新鮮麵包，成為釜山人的手信品牌之一，不妨一試。

釜山特集

Busan Cooking Class

Cooking Class Studio 很 Cozy。

地 釜山市西區九德路 186 街 15 號 2 樓
（부산시 서구 구덕로 186 길 15 2 층）

網 www.busancookingclass.com

約 busancookingclass@gmail.com
（英語指導）

交 地鐵 1 號線**土城站** 3 號出口，步行 5 分鐘

註：❶ 若對任何成分過敏或素食要求，須提前告知。
　　❷ 體驗課程內容會因應季節及其他安排而異，內容以報名時為準。

釜山是著名的美食城市，旅程中我們都希望可以體驗真正的當地風味，逛當地市場、買當地新鮮食材，甚至學習當地人的烹飪方式，製作出具有釜山風味的美食。

相對一般的韓國烹飪班或泡菜（辛奇）體驗班，Busan Cooking Class 有一套完整的流程，從飲食文化、食材、口味、烹飪方式到品嚐方法，讓參加者可以更了解釜山的飲食文化，回家後也可以將學到的菜式跟家人和朋友分享。

Busan Cooking Class 創辦人兼主廚張熙英。

課程流程

烹飪課程 ▶ 午餐 ▶ 品嚐當地茶 ▶ 釜山美食及旅遊諮詢 ▶ 當地市場遊覽

學費包括自製迎賓茶、所有食材、當地茶、當地米酒、英語指導等。課程每天上午 10 點開始，包括市場遊覽在內大約需要 4 小時。主要食材是從當地市場買來的特產，尤其是海鮮。另外有素食課程，可個別查詢。

釜山風味海鮮大餐包括海鮮煎餅、辣章魚燉菜、蛤蜊海帶湯、時令菜單，我們來跟着學其中兩道最具釜山風味又易學的菜式吧！

張熙英 Profile

在釜山出生和長大，取得韓國創意烹飪學院的韓國傳統美食專業資格，曾與韓國食品基金會、首爾市、青瓦台、韓國駐香港總領事館等舉辦韓國美食活動，也常代表韓國到海外出席不同的韓食推廣活動。她走遍了世界各地學習、工作和烹飪，回到釜山，希望透過烹飪、用餐和諮詢讓外國人體驗釜山獨特而正宗的美食。

開始之前，先了解一下韓國的調味料和醬料，特別是大廚自家製的大醬。

釜山海鮮煎餅和蛤蜊海帶湯的食材。

新鮮的韭菜、青口、大蛤蜊肉、帶子肉、蝦子、魷魚等，都是新鮮採購。

來自東海海濱村莊機張的海帶，是釜山名物，泡發後帶有清香。

�50魚乾，多用於製作高湯。

東萊煎餅（釜山海鮮煎餅）

鋪滿新鮮海鮮和蔬菜的東萊煎餅，在釜山流行了一個多世紀，並已成為標誌性食物，跟當地的米酒是絕配。

將海鮮和切好的韭菜加入麵粉糊。

煎餅煎得香脆，海鮮也有嚼勁。

下油先煎香一面，待有脆邊後離鑊再反面。

蛤蜊海帶湯（조개미역국）

釜山最著名的特產之一是來自東海海濱村莊機張的海帶，而海帶湯在韓國人的飲食文化中有着重要角色，每逢生日他們會煮海帶湯，而女士生育後最能補充身體營養的，也是這一道菜式。

先將發泡好的海帶和蛤蜊肉用香油炒。

再加水熬煮 15 至 20 分鐘便可。

享用美食時間，海鮮煎餅的最佳拍檔就是馬格利米酒，來自釜山的金井山城。

最後以茶道結束整個課程。是清香的蓮葉茶。

釜山特集

釜山文化 X 韓語學習

韓國有不少大學設有國際教育學院營運語學堂，為外國人提供 3 個月的韓國語學習課程，不過大學生或都市人未必容易有 3 個月的假期來一個遊學體驗，所以 7 天的韓語及韓國文化遊學就更見吸引，更容易成行。體驗一個有釜山特色的遊學，能輕鬆學習韓語之餘，也可重新感受校園生活的樂趣！

註 JCWW 為釜山加圖立大學國際教育院香港及澳門地區之合作夥伴。

郵 info.jcww@gmail.com （港澳區報名及查詢）

韓國國技之——棒球。

韓語老師會一點英文、中文和日語。

釜山加圖立大學國際教育院釜山文化體驗型韓語短期項目只辦夏季（7 月 ~8 月）和冬季（1 月 ~2 月），對象為對韓國語及韓國文化感興趣的外國人。上午韓語專題學習，下午小組體驗釜山文化，由當地大學生做小組組長，是互相交流和練習韓文的好機會。基本費用已包括學費、文化體驗活動及學習期間的住宿。

來自香港、台灣和日本的同學。

2024 年冬季短期課程日程表（參考）

● **1 月 4 日｜教育課程開講**
09:00~14:00　住進宿舍
14:00~14:30　開學典禮
14:30~17:30　文化體驗（校內）：K-POP 舞蹈文化體驗
17:30~　　　 歡迎會

K-POP dancing 體驗。

● **1 月 5 日**
10:10~13:00　文化教育（校內）：韓國傳統文化
13:00~14:00　韓國大眾飲食文化體驗（1）
14:00~17:00　文化體驗（郊區）：釜山鎮城韓服體驗館

上午了解了韓服，下午就去體驗試穿。

● **1 月 6 日**
10:10~13:00　文化教育（校內）：釜山的美味與韻味、始於釜山的美食、釜山電視劇及電影拍攝地
13:00~14:00　韓國大眾飲食文化體驗（2）（郊區）
14:00~17:00　電影攝影棚、電影殿堂圖書館

● **1 月 7 日｜自由日程**

● **1 月 8 日**
10:10~12:00　文化教育（校內）：釜山方言
12:00~13:00　文化體驗（郊區）：韓國大眾飲食文化體驗（3）
13:00~17:00　釜山近代歷史文化之旅

釜山文化參觀。

釜山是電影都市，所以到拍攝 Studio 參觀一下。

● **1 月 9 日**
10:10~13:00　文化教育（校內）：韓國人的冬季文化（食物、汗蒸幕等）
13:00~14:00　文化體驗（郊區）：韓國大眾飲食文化體驗（4）
16:00~20:00　體驗雪橇與汗蒸幕

實地考察與釜山近代歷史文化有關的景點。

● **1 月 10 日｜課程結束**
10:10~13:00　結業典禮
13:00　　　　解散

UCCN 電影之都

釜山是韓國第一個發行電影的城市，近幾十年來對亞洲電影和視覺產業有着至關重要的影響，由 2014 年開始更成為 UCCN 創意城市電影之都。每年 10 月舉行的 BIFF 釜山國際電影節已成為亞洲電影界的盛事。從業界的培訓、專業人員的教育及電影相關設施的建設等，在釜山都是可持續增長，備受關注。釜山的自然環境和與近代歷史有關的地方，為電影及國際、國內電視節目製作提供眾多受歡迎的拍攝地點，喜歡電影的朋友不妨找找大家在電影中看過的地方。

甚麼是 UCCN？

UCCN 是 The UNESCO Creative Cities Network 的縮寫，創立於 2004 年，致力於促進與將創意視為可持續發展戰略因素的城市之間合作。共涵蓋七個領域，包括手工藝與民間藝術、設計、電影、美食、文學、媒體藝術和音樂。釜山於 2014 年成為「電影之都」其中一個成員城市。

Busan Asian Film School。

電影之殿堂的戶外場地。

釜山電影之殿堂

부산영화의전당

電影之殿堂可說是名副其實的釜山電影地標，平日也可以觀賞正在上映的商業電影、獨立電影和各種電影的相關展覽等，部分電影配有英文字幕，在釜山看一場電影也是個不錯的安排。每年 10 月，備受全世界矚目的釜山國際影展 BIFF 也在電影之殿堂舉辦。

地　釜山市海雲台區水營江邊大路 120
　　（부산시 해운대구 수영강변대로 120）

時　10:00~19:00

網　www.dureraum.org

交　1. 地鐵 2 號線 **Centum City** 站 6 號出口，步行 5 分鐘
　　2. 乘 115、181、307、海雲台區 3-1、海雲台區 3-2 路巴士，在受眾媒體中心‧KNN 廣播局站下車，步行 8 分鐘

2022 年 Asia Contents Awards 現場。

釜山電影體驗博物館
부산영화체험박물관

釜山電影體驗博物館分為多個主題，可以有趣地了解韓國電影產業的歷史和發展過程，也講述釜山如何成為電影城市等。

主題體驗區透過最新影像、音響和 AR 技術，讓參觀者通過完成各個主題電影的探險任務找出電影的秘密。此外還可以親自編輯拍攝影像、為經典電影場面重新配音、在模擬電影攝影棚體驗拍攝等。

多個主題體驗館。

透過是非題了解韓國電影業的歷史和發展。

地　釜山市中區大廳路 126 號街 12
　　（부산시 중구 대청로 126 번길 12）
時　週二至日 10:00~18:00（最後入場 17:00）
休　週一、元旦、春節、中秋節當天
費　成人 ₩ 10,000
　　青少年及兒童 ₩ 7,000
網　www.busanbom.kr
交　1. 地鐵 1 號線**中央站** 5 號出口，步行 5 分鐘
　　2. 乘 126、15、186、81、86 巴士，在白山紀念館站下車，步行 3 分鐘

Korean Actors 200 攝影展釜山站。

釜山福岡雙城遊

釜山港大橋。

釜山與九州福岡只有一海之隔，疫情前筆者與釜山友人都喜歡即興的日本遊，一玩即愛上，兼打開了韓日雙城遊的新世界。

你可以乘搭來往釜山福岡的航班，而最省錢又有趣的方法，就是乘坐往返釜山港與福岡博多港的山茶花線（Camellia Line），慢船的話翌日早上 7 點就到達福岡，重點是單程票價最低只需要 ¥6,126（約港幣 350），可省卻一晚旅費，適合精打細算的朋友。如果釜山入、福岡出就更省時間省錢。

如果選乘飛機，因屬於國際航班，起飛前兩小時到達機場是必須的，如乘坐廉航，行李多數只有 15kg。若乘快船（船程約 3 小時）或慢船（船程約 9 小時），除了船票價格實惠，港灣稅金和燃料費比航班的機場稅和燃油附加費便宜，而且釜山港與博多港均位於市中心，非常便利。

釜山港附近景點

昌善洞小吃街（창선동먹자골목）有超過 70 年歷史，小食攤檔都是釜山大媽們造的傳統小食，以拌粉條、忠武紫菜包飯、釜山魚糕最為聞名。

來往釜山港與釜山站（KTX）只需步行 10 分鐘，鄰近釜山站有不少特色景點：中區的國際市場和富平罐頭市場，連同光復洞的橫街小巷，都是有名的傳統市場，可以品嚐堅果糖餅、魚糕、傳統米釀、辣炒年糕、血腸、內臟、韭菜

煎、扁餃子配即拌辣魷魚、五香豬手等小食,邊吃邊在南浦洞購物街購物。

在釜山 BIFF 國際市場對面就是**札嘎其市場**,約有一半韓國海產、乾魚貨會經此流通全韓國。大樓內除了有水產市場、生魚片和乾貨中心,一定要試試買海鮮到樓上餐廳加工享用,新鮮又原汁原味。

新山茶花號實測

釜山和福岡之間每天有一艘往返渡輪山茶線「新茶花號」運行。**釜山港至福岡博多港是晚上出發翌日早上抵達**,而博多港至釜山港是午時出發傍晚到達,兩者筆者都試過,始終最愛晚上乘慢船到福岡。

山茶線由日本 NYK 和韓國高麗海運共同營運,可使用兩家公司網頁線上訂票,按經驗所得,用 **New Camellia**(www.camellia-line.co.jp)訂票較方便易用,而且有日語及英語版。

在線上購票後,將購票紀錄和確認信打印好,可提早下午 5 點到達釜山港國際客輪站(부산항국제여객터미널)New

請預留足夠時間到 New Camellia 服務窗口辦理登船手續。

Camellia 的服務窗口,連同護照辦理登船手續,會收到正式船票、日本入國登記卡和海關申報表格。晚上 7 點進行出境審查和登船,按船票上的指示到達指定客室。

二等室提供單人榻榻米床鋪、小枕頭、被子和可更換的床單,非常整潔。

船上設有二等室(12 人榻榻米)、一等洋室 4 人、一等洋室 2 人、一等和室、特等室(2 人或單人)、特等雙人房(和洋室)等,隨了特等室配有衞浴設備,其餘可使用船上的洗手間和錢湯風呂。想享受私人空間,可以選擇特等房間,部分有露台;如想玩得地道,非常推薦二等室,住客要不是同性別,就是一家大小配予一房,所以就算只有一個女生也不用擔心。

船上設施

船上設有錢湯風呂、食堂、自動販賣機、便利店、小遊樂室及公共空間等。

食堂以日式家常定食為主,購票後取餐。早上則提供簡便自助餐。

入境福岡

1. 早上 7 點半開始，旅客陸續下船，辦理日本入國手續，以個人經驗，大約 8 點半就可完成所有入境審查程序。博多港交通方便，不論到天神或是博多市中心，只需大約 15 分鐘。在各大 JR 站找個儲物櫃存放行李後，可先去太宰府、柳川、北九州小倉、門司港等需要一定車程的地方，之後才到市中心逛。

2. 日本政府建議所有旅客在進入日本前利用 Visit Japan Web，提前辦理入境審查、海關申報及免稅購買手續。

3. 通過海關審查後，可使用自助售票機購買往博多及天神的巴士票，可前往 JR 博多站。

行程安排及購票教學

1. 購票網站有兩個，建議用日本船公司網站，就算用日文版都可以應付到整個購票程序。日本公司 Camellia Line 網址：www.camellia-line.co.jp。

2. 選擇航班、日子、人數之後就可以選房型。

3. 購船票時，要正確填入姓名（與護照上必須一樣）、出生日期、性別、聯絡方式等資料，之後就可以用信用卡完成付款程序。

4. 完成購票後，記得檢查登記電郵，將會收到預約信及預約編號。

釜山福岡雙城遊六日五夜行程參考

第一天
- 到達釜山，入住釜山站 / 南浦洞附近酒店
- 南浦洞 / 影島散策，品嚐釜山冠軍咖啡 Momos coffee
- 札嘎其市場海鮮晚餐、夜遊國際市場及富平罐頭市場

第二天
- 海岸 Brunch Cafe 早午餐
- 乘坐 Blue Line 列車
- 青沙浦海鮮午餐
- 海雲台沙灘、晚餐

（親子行的話推介機張一天遊：前往釜山樂天世界和 Skyline Luge，也可安排入住機張 Osiria 渡假村）

第三天
- 西面 Cafe 早午餐 / 豬肉湯飯
- 草梁洞歷史文化散策
- 釜山特色醬油蟹
- 傳統市場採購船上晚餐和零食，推介五香豬手、飯卷、魚糕、釜山手工啤酒、韓國傳統糕點等，另自備環保水樽
- 17:00 到達釜山港國際客運碼頭，辦理登船手續

⑤ 建設把預約信打印出來，再到碼頭換領船票、日本入國登記表、海關申報表及付清稅項。

⑥ 以二等室為例，票價為 ¥5,000（非會員）、燃油費 ¥1,161、港灣稅 ¥359 和觀光基金 ¥106，合共 ¥6,626。

購買食券須使用日元。

注意事項

① 每天有來往釜山和福岡的慢船各一班，但每個月有不定期的維修日及停航日，上網可查詢三個月內的航班時間表。

② 釜山往福岡為過夜船，船票包括住宿，稅金在碼頭領取船票及入境書時付清，只收現金。

③ 船上以使用日元為主，建議自備日元。

④ 建議自備牙刷和簡單個人護理用品。

⑤ 留意日韓兩地的天氣情況，船公司會因應天氣而停航及退款。

⑥ 每一位旅客可自攜重量在 50kg 以下或 85cm x85cm x240cm 以下的行李，其他特別行李如單車則會產生附加費用，請事前到官方網頁查詢。

⑦ 韓國出境及安檢審查之後，可將退稅收據填好放入箱子，若有人手櫃位可直接辦理退稅手續。

⑧ 船上有冷熱水機。

第四天 ・早上 7 點半到達福岡博多港
・鄰近博多市及天神地區（巴士只需 10~15 分鐘）

第五天 ・如逗留日本時間多，可到北九州小倉 / 門司港 / 下關等地觀光，小住一兩天再回福岡市內
・周末可到唐戶市場「活きいき馬関街」海鮮市集
・太宰府 / 柳川是一天來回的選擇
・如時間不多，可於博多站 / 天神存放大型行李，再到市內觀光，體驗福岡的路邊攤文化

第六天 ・2022 年開幕的商場 LaLaport 福岡
・前往福岡機場回香港

* 如逗留日本時間比較多，建議可到北九州小倉 / 門司港 / 下關 / 系島多留幾天再回到福岡市內，由市中心前往福岡機場只需 15~20 分鐘，可作最後衝刺。

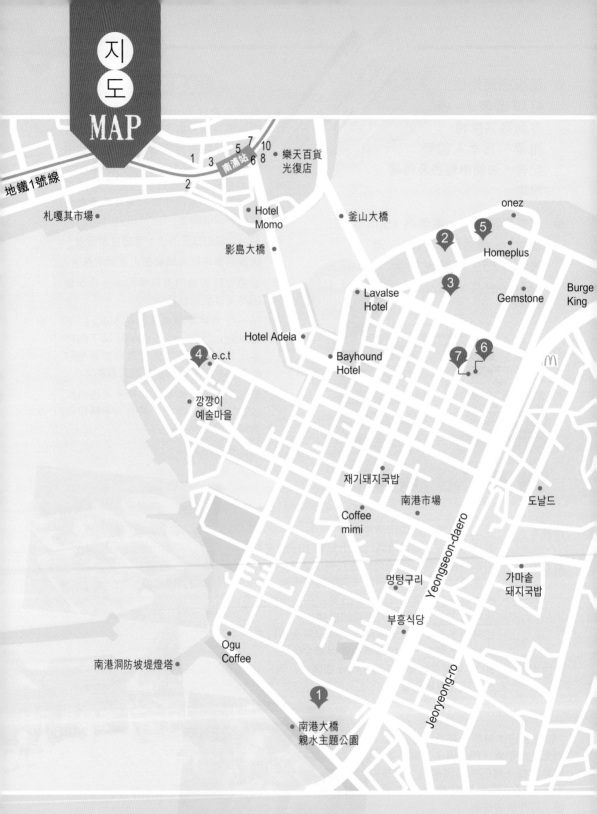

지도
MAP

地鐵1號線

札嘎其市場

南浦站

樂天百貨
光復店

Hotel
Momo

釜山大橋

影島大橋

onez

Homeplus

Gemstone

Burge
King

Lavalse
Hotel

Hotel Adela

e.c.t

Bayhound
Hotel

깡깡이
예술마을

재기돼지국밥

南港市場

도날드

Coffee
mimi

멍텅구리

가마솥
돼지국밥

부흥식당

Yeongseon-daero

Ogu
Coffee

南港洞防坡堤燈塔

南港大橋
親水主題公園

Jeoryeong-ro

① 紅燈塔海鮮定食 ② Momos Roastery & Cubby Bar ③ 影島咖啡街
④ 溪琴藝術村 ⑤ 無名日記 ⑥ 影島 AREA 6 ⑦ 三進魚糕

影島 ^{영도}

影島區以影島大橋與中區相連，左以
南港大橋與西區連接，右以釜山港大
橋與南區連接，主要靠巴士代步。影
島大橋、大平洞、白淺灘文化村等地
方都蘊含着不少韓國近代歷史故事。
自 2021 年開始，影島文化都市進行
藝術與文化保育，重新注入生命力，
吸引不少喜歡藝術、創作的年青人進
駐。這個地方，每次到訪，都會找到
一些驚喜。

Taejong-ro

왔다식당
안락다락방

福泉寺

交通方式

地鐵 1 號線**南浦站** 6 號出口，
影島大橋旁的巴士站有不同路
線可達影島各處。

蓬萊山

⑩

흰여울비치

Abraham
Coffee

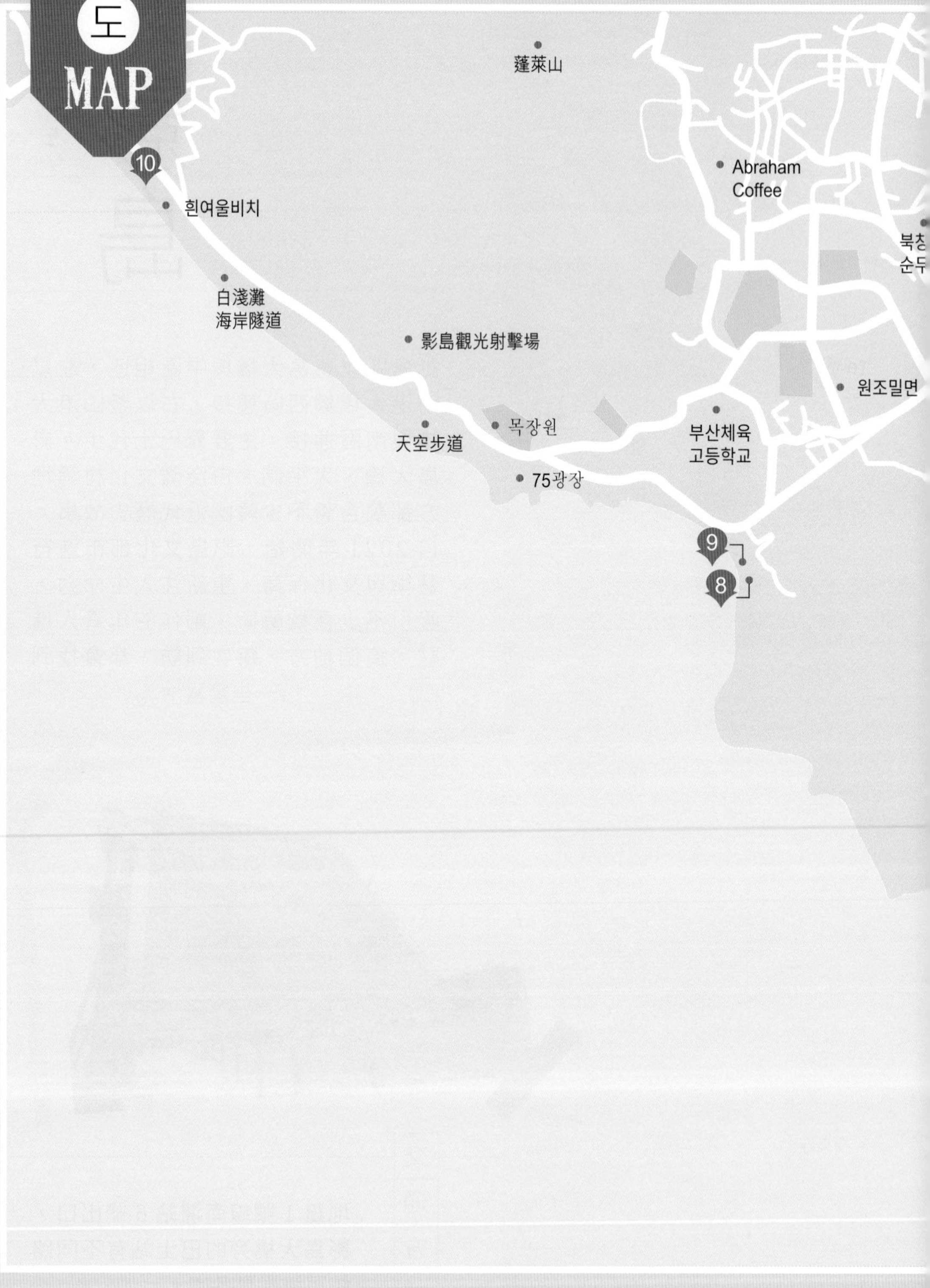

북청
순두

白淺灘
海岸隧道

影島觀光射擊場

원조밀면

天空步道

목장원

부산체육
고등학교

75광장

❾

❽

⑧ 影島海女文化展示館 ⑨ 玉泉海鮮店 ⑩ 白淺灘文化村

影 島

영
도

釜山國際郵輪碼頭

韓國國立
海洋博物館

韓國海洋大學

Citadines
Connect

TORO

太宗臺炒碼麵

태종대온천
•찜질방

욜로조개구이

太宗臺
旅遊諮詢處

太宗寺

太宗臺

影島燈塔

太宗臺觀景台

影島罕有靚裝修海鮮餐廳，以日韓風格配搭高級海鮮料理。**主打季節當造食材**，由午餐的一人之選，到 ₩ 39,000 起一位的 Course set，都是選用釜山地道新鮮且當造食材，務求以佛心價錢，讓食客享受到各式各樣高級料理，捧着肚子滿足地離開。

一齊來看看筆者推介的 ₩ 45,000 一位，有十道菜的刺身海鮮定食作參考吧！

2022年7月OPEN

紅燈塔
海鮮定食
빨간등대

地　釜山市影島區南港西路 40 2 樓
　　（부산시 영도구 남항서로 40 2 층）
時　11:30~15:00、17:00~21:00
交　地鐵 1 號線南浦站乘的士約 15 分鐘

水拌生魚片，選用了季節性鮮魚。

可以 180 度欣賞到影島的海景和南港大橋的景色。

大蜆海帶湯，充滿釜山海洋的味道。

五花肉泡菜三合，大白菜非常清甜。

生牛膝肉，肉質新鮮甜美。

海鮮沙律，配上柚子肉很清爽。

當造刺身 3 種及海鮮拼盤。

鮑魚刺身爽甜，海菠蘿味道獨特。

砂鍋鮑魚魚籽飯，用料足！

天婦羅和烤鯛魚絕對有驚喜。

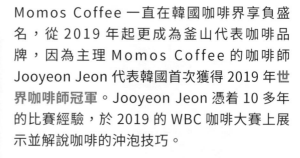

Momos Coffee 一直在韓國咖啡界享負盛名，從 2019 年起更成為釜山代表咖啡品牌，因為主理 Momos Coffee 的咖啡師 Jooyeon Jeon 代表韓國首次獲得 2019 年**世界咖啡師冠軍**。Jooyeon Jeon 憑着 10 多年的比賽經驗，於 2019 的 WBC 咖啡大賽上展示並解說咖啡的沖泡技巧。

咖啡店有兩個門口，其中一個設開放式露營座位。

2022年1月OPEN

Momos
Roastery &
Cubby Bar

모모스 로스터리 & 커피바

地 釜山市影島區蓬萊洞 2 街 131
（부산시 영도구 봉래동 2 가 131）

時 09:00~18:00（公休日請留意官方 IG）

網 https://momos.co.kr/

交 地鐵 1 號線南浦站 8 號出口，沿影島大橋及蓬萊渡口路（渡口海旁）步行約 15~20 分鐘。

註：蓬萊渡口路是 2023 年開始形成的影島咖啡街。

當天推薦的 Single Origin。

咖啡店由舊船業倉庫改建而成，樓底特高，具空間感。

室內採全落地玻璃設計，咖啡豆的存放、烘焙、包裝等過程都一覽無遺。另設有可預約的教室，平日咖啡師會在裏面作沖泡和烘焙測試。

影島店有一大特色，就是駐場咖啡師會不定時試沖當天推薦的新咖啡豆或特選咖啡豆，邀請在場顧客免費試飲，也會交流喝咖啡的心得。

Momos Coffee 總店位於釜山的溫泉川，走園林和木屋的設計路線，旁邊有自家烘焙工房。2022 年 1 月，Momos Coffee 於影島開設了 Momos Roastery & Cubby Bar，以影島海港舊船業倉庫改建，風格完全不同。室內頗像咖啡工廠及展廳，以白色牆壁和玻璃為主，設計簡約，同時創造了能夠感受到 Momos Coffee 理念、獨特咖啡生產環境和與客人溝通的空間。

筆者當日就試飲了 Kenya Rungeto。

在此也可以購買喜歡的咖啡豆、Hand drip bag 和 Momos 的紀念品。

Hand drip bag 包裝精美，可作手信。

富有釜山特色的 Cold brew。

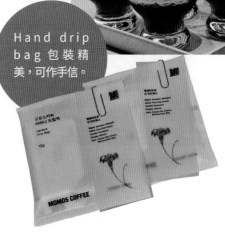

各款咖啡豆，部分只在門市發售。

蓬萊渡口路。

蓬萊渡口路因為 Momos Coffee 進駐而聞名，2023 年起逐漸形成一條咖啡街，沿路也有不少文青複合空間。由於蓬萊渡口路是船隻停泊的海旁，擁有不一樣的寧靜，很適合在此度過一個悠閒的下午。

影島區有不少特色的咖啡廳，都是位處富有歷史故事的小區，就如在影島大橋旁的另一個小港灣大平洞一帶。

特色
Fusion 餐廳
「OneZ」

2023年陸續OPEN

影島咖啡街

地 釜山市影島區蓬萊洞 2 街
（부산시 영도구 봉래동 2 가）
交 地鐵 1 號線南浦站 8 號出口，沿影島大橋及蓬萊渡口路（渡口海旁）步行約 15~20 分鐘

碼頭一帶有多幅可愛壁畫，適合打卡。

舊船廠的外貌仍然保存。

重新粉飾的舊船廠，充滿生氣。

奚琴 藝術村

깡깡이예술마을

地　釜山廣域市影島區大平北路一帶

港口。

Blueberry
Cheese
Tart

影島區大平洞是韓國其中一個最早有造船與修船工業的村莊，由於修理船隻時會發出「噹噹」聲，村莊就以「깡깡」（kangkang）來命名。日治時期前後，不少日本船隻會在此修理船隻及作中途補給。全盛時期不論男女，都因家計而投身修船工作。不過隨着時代變遷，造船業式微，村莊變得冷清起來。

市政府為保留及讓當地人和遊客了解釜山的歷史，自 2021 年開始，便以影島文化都市計劃進行藝術與文化保育，重新注入生命力，現時吸引了不少喜歡藝術創作的年青人進駐。

e.c.t studio（에쎄떼）是由造船廠改建而成的咖啡廳，樓高兩層，一樓樓底高也寬闊，放滿古董跟木製家具，也有大大小小的古物和二手物收藏，大部分都是老闆從法國搜購；二樓有一個舊式房間佈置，也有靠窗雅座，可以望到影島的海景。

地　釜山市影島區大平洞 1 街 14-1
　　（부산시 영도구 대평동 1 가 14-1）
時　週一至五 12:00~22:00、週六日 12:00~21:00
網　www.instagram.com/e.c.t_busan
交　地鐵 1 號線南浦站 6 號出口，於影島大橋旁乘 6 號巴士，在영도전화국站（第 2 個站）下車，步行 10 分鐘

無名日記是重新詮釋釜山地區象徵意義的企劃，包括衣、食、住、內容，以當地人、地點和時間記錄作為核心價值，也是該品牌提出的生活方式。

無名日記的外牆以純白色為主。

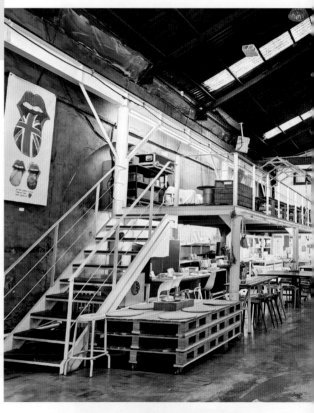

無名日記

무명일기

地 釜山市影島區蓬萊洞 2 街 145-6
（부산시 영도구 봉래동 2 가 145-6）

時 12:00~21:00（公休日請留意官方 IG）

網 cottondiary.co.kr

交 地鐵 1 號線南浦站 8 號出口，沿影島大橋及蓬萊渡口路（渡口海旁）步行約 15~20 分鐘

無名日記被選定爲 2023 Busan Design Week
的釜山設計地點。設有線上和線下商店，除了
自家出品，也跟理念相近的品牌有不同形式的
合作。

無名日記
自家推出
的產品。

無名日記複合式文化空間翻修自 1959 年建造的保
稅倉庫（보세창고），正位於倉庫林立的釜山影島倉
庫群中，可從中窺探時代的變化。它既是 Cafe，也
是舉辦各種文化演出、藝術展示、社區活動等場地。

其他當地文創品牌的
各款文具。

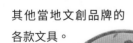

2023 年的 Travel Receipt
& Record 品牌展示專區。

位於三進魚糕影島總店及歷史體驗館旁，是三進魚糕進行「影島復活計劃」中的一部分。AREA6 是 "artisian alley that illuminates the area" 的縮寫，代表匠人品牌、影島巷弄與時間空間。

地方雖小，但有好幾個歷史悠久的釜山品牌和產品進駐。在這個複合文化空間裏，正正提供了一個新的方式，向來訪者展示釜山匠人的優質產品和品牌故事。

就一起來看看幾個特別的釜山品牌吧！

影島
AREA 6

아레아식스

地 釜山市影島區太宗路 105 號街 37-3
（부산시 영도구 태종로 105 번길 37-3）

時 週二至日 11:00~19:00

休 週一

網 https://www.facebook.com/area6.yeongdo/

交 地鐵 1 號線南浦站 2 號出口，於巴士站영도대교（남포역）乘一般巴士 82、85 號至영도우체국（影島郵政局站）下車

店內一大片的 MT 牆。

大日大日

釜山品牌「名家朝光油漆（조광페인트）」，以塗在布和皮革上的定製油漆聞名。品牌於 AREA6 以 MT 膠帶為主題，設立特別的顏色展示和體驗空間。此外還有很多釜山限定顏色和花紋的 MT 膠帶，也可在現場用無人機購買（wow pass debit card 在這裏可大派用場），是明信片愛好者的一個創作 Station！

松月（송월타올）

源自 1949 年的國民毛巾品牌，AREA6 店是只此一家的陳列室，設有釜山限量版系列。

松月毛巾設計簡約，質地軟綿。

釜山限量版系列。

品牌長年承包高級酒店用品。

卷紙形式的場刊。

現場以無人機購買明信片或小卡片，可即場在 Rold Paint 體驗空間，用 MT 膠帶自行 DIY 裝飾。

各種口味的堅果零食。

Murgerbon（머거본 아이스크림）

在釜山誕生的 Murgerbon 以杏仁作標誌，出品從孩子們的營養零食，到大人們的下酒小吃，從堅果到魚肉脯應有盡有。在這家釜山獨一無二的主題店，可以好好享受杏仁雪糕的同時，也能看看可愛的周邊產品。

Murgerbon
杏仁雪糕，只
在此店供應。

Murgerbon 的周邊產品。

로칼（Rocarl）

Arreasics 與新品牌 Rocarl 合作，以 "Local Scent Rocarl Vibe" 為主調，以香水詮釋每個地區擁有的特別空氣、氛圍和感覺，成為特別的釜山手信。

香水設計獨得而有個性。

영도봉래
Bongrae market

AREA 6 旁邊的蓬萊市場（영도 봉래）始於日治時期，是歷史悠久的傳統市場。而旁邊正是超過 50 年歷史的三進魚糕總店，是釜山魚糕的誕生地之一。

三進魚糕

삼진어묵

地　釜山市影島區蓬萊洞 2 街 39-1
　　（부산시 영도구 봉래동 2 가 39-1）
時　09:00~20:00
休　聖誕節、中秋節
網　www.samjinfood.com
交　地鐵 1 號線南浦站 2 號出口，於巴士站
　　영도대교（남포역）乘一般巴士 82、85
　　號至영도우체국（影島郵政局站）下車

三進魚糕影島總店及釜山魚糕體驗歷史館。

三進在蓬萊市場起家，有超過 60 年歷史。總店及自家工場位於影島，總店更設有零售店、餐廳、體驗館和歷史館。店內有一個透明的大廚房，可以直接看到師傅即場製作各式魚糕，每 15 分鐘就會有新鮮魚糕出爐。

釜山魚糕體驗歷史館就在總店旁邊二樓，可以了解三進魚糕和釜山的歷史。裏面有一個體驗廚房，團體客可以嘗試製作魚糕呢！

對面就是三進 Cafe，可即買即吃。

拼盤是送禮之選。

遊客也可體驗魚糕製作，可利用 Visit Busan Pass 預約。

人蔘魚糕吃過嗎？

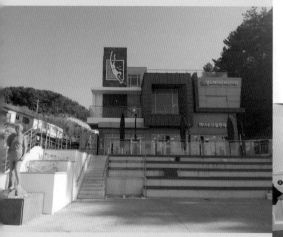

影島海女文化展示館設於海女村附近，為保護影島海女文化而建。1 樓可讓訪客品嚐到在海上直接捕獲的新鮮海鮮，可選擇內用或在岩石上的戶外位置享用。

影島海女
文化展示館
영도해녀문화전시관

展館陳列着海女的各項生活細節。

地 釜山市影島區中裏南路 2-35
　（부산시 영도구 중리남로 2-35）
時 09:00~18:00
休 週一
交 地鐵 1 號線釜山站前乘 508 號巴士，於南高橋（남고교）站下車，步行約 6 分鐘

2 樓展館闡述海女文化被列入聯合國教科文組織人類非物質文化遺產的過程，以及海女出海進軍韓國國內、中國和俄羅斯的時代背景和移動路線，並展示海女的生活細節、穿戴衣服和工具。

二樓展覽館。

珍貴的訪問紀錄片。據說從 1960 年代起移居到釜山的濟州海女目前還有 130 多名，現時未滿 60 歲的海女只剩 20 名。

天氣好時，在釜山海岸如影島、青沙浦、機張等都可以看到海女下海的身影。

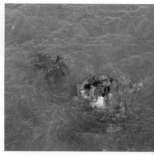

玉泉海鮮店
옥천릿집

地 釜山市影島區東三洞 640-2
（부산시 영도구 동삼동 640-2）
時 11:00~20:00
休 週二
交 地鐵 1 號線釜山站前乘 508 號巴士，於南
高橋（남고교）站下車，步行約 6 分鐘

海鮮店門面低調。

影島這家海女海鮮店始於 1978 年，在
2022 年間可說是人氣特爆，原因就是一
道海膽紫菜飯卷，試過的人都說想不到是
如此美味。與日本海膽相比，韓國的同樣
Creamy 和濃郁。紫菜飯卷可以選雙拼，
另一款推介是海帶紫菜飯卷，同樣充滿大
海的味道。二人同行，最好點一個雙拼、
一個章魚海鮮拉麵，也可以點當天推薦的
海鮮刺身。

海膽紫菜飯卷 + 海帶紫菜飯卷
（성게김밥 + 다시마김밥 ₩ 13,000）。

章魚海鮮拉麵（낙지해물
라면 ₩ 12,000）

5 隻新鮮大鮑魚刺身。

白淺灘文化村

흰여울문화마을

地 釜山市影島區瀛仙洞 4 街 650-2
（부산시 영도구 영선동 4 가 650-2）

時 各店營業時間不同

交 ① 地鐵 1 號線南浦站 6 號出口，乘巴士 82、85、
6、9 於白淺灘文化村站（흰여울문화마을）/ 白
蓮寺站（백련사）站下車，約 25~30 分鐘
② 從太宗臺出發，乘巴士 66、186 於國立海洋博
物館站（국립해양박물관）下車，約 50 分鐘

白淺灘文化村是電影《逆權大狀（변호인）》
的拍攝點，而早前韓綜《無限挑戰》的遊戲
也在此取景。這裏聚集了許多老房子，釜山
人說從前是貧民窟，現在只有很少人還在這
裏居住，近年慢慢改變成文化村莊。這個小
村莊不僅有迷人風景，正因為面向西面，更
是欣賞日落的好地方。

這裏有影島限定的人生四格照相店、貓貓主題的文創店（小黃屋）、各式各樣的海景Cafe、雪糕店、小書店、海景拉麵店等。

有很多當地設計師和畫師的作品，都以釜山和影島貓咪為主題。

拉麵小店專屬的海景座位。

每隔一段時間會更換不同粉飾。

黃昏前最適合來邊喝咖啡邊觀賞日落。

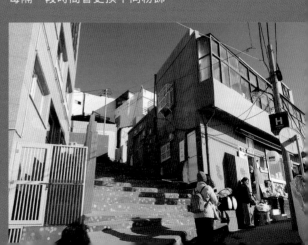

影島路線推介

影島與南浦洞只有一橋之隔，而南浦洞那邊就是樂天百貨光復（南浦）店，最適合安排在同一天的行程。

影島半天遊

午餐	玉泉海鮮店，嚐一口海膽海帶飯卷
飯後	影島海女文化展示館
下午	白淺灘文化村
黃昏	選一家咖啡廳 / Momos Coffee
晚餐	紅燈塔十道海鮮定食 / 季節限定海鮮

影島賞櫻半天遊

4月限定

早午餐	玉泉海鮮店
下午	韓國海洋大學校附近的東三海水川櫻花大道 長長的櫻花路，有橋有水，人又不多，可以慢慢影個夠！
下午	影島 AREA6 及蓬萊市場、CARIN 影島 PLACE 咖啡暨眼鏡店（NewJeans 代言）

周六限定

韓國唯一開合式活動橋

影島大橋

영도대교

1934 年 11 月開通的影島大橋為韓國首座連接陸地與島嶼的大橋，也是韓國唯一的**開合式活動橋樑**。為了讓往來南港與北港的船隻經過，橋的一端會升起，讓船隻通行。

以前一天最少會開合 2 次，最多開合 7 次，但後期因交通不便，自 1966 年起便喪失橋樑的功能，直至 2007 年重新修復，2013 年 11 月再度開通，更於**每日下午 2 點進行 15 分鐘的橋樑開合表演**。打開時橋就像立於空中，吸引許多人前來觀看，成為釜山的代表建築之一。

對韓國人來說，影島大橋還有一個悲傷的意義，因為韓國戰爭（1950~1953 年）期間，許多人逃到釜山避難，並在橋樑前等待因戰爭而失散的家人。

地　釜山市影島區太宗路（大橋洞 1 街）
　　（부산시 영도구 태종로 (대교동 1 가)）
時　每周六 14:00 開始開合表演，如天氣惡劣將會取消
交　地鐵 1 號線南浦站 6 號出口

在這 15 分鐘期間，大橋的行人道和行車道都會暫時封閉。

지도
MAP

Daecheong-ro

玉生館

미친막창

거인통닭

富平
罐頭市場

돌고래순두부

Busan Modern
History Museum

백산기념관

國際市場

Busan
Museum
of Movies

nB
otel

공순대

昌善洞
小吃街

콩밭에

3

龍頭山
公園

Busan
Hotel

맛찬들
왕소금구이

두부가

Aventree
Hotel

부산족발

Hound
Hotel

扶手電梯

濟州家

해전곱창

Hotel
Foret

남포설렁탕

Egg
Drop

BIFF廣場

HBAF

地鐵1號線

Stanford
Inn

Griffin Bay
Hotel

南浦

5   7

3   1

札嘎其站   10

2

8

1

6

4

백화양곱창

札嘎其市場

1

2

新興
飯店

영덕집

---

① 胡同烤韓牛 **②** 樂天百貨光復店 **③** 釜山鑽石塔
④ Good Ol' Days Busan Hotel & Cafe

南浦洞・中區

남포동・중구

南浦洞和中區可說是釜山昔日的繁華中心地，也有人說這裏是歷練了釜山近代史的舊區，不過在筆者眼中看來，這是一個新舊融合、充滿故事的區域。

首爾有明洞，那麼釜山的代表就有南浦光復路和西面商圈。光復路是釜山的文化、藝術、時尚的中心地帶，由地鐵 1 號線南浦站 7 號出口起至 BIFF 廣場附近，光復路兩旁盡是潮流品牌、各式時裝店、韓國化妝品牌及人氣食品店；加上 BIFF 廣場、國際市場、富平罐頭市場及不少美食胡同都集中在這一帶，要找老店或新店都能一一滿足。西面商圈是 MZ 世代最愛留連的地區，特色咖啡廳、玩樂設施、充滿氛圍感和異國風情的小餐廳林立，穿梭胡同小巷中一定找到驚喜！

交通方式

南浦洞、中區：
地鐵 1 號線橫跨中央站、南浦站、札嘎其站等

13 10
11 8
郵局
中央站
9   6
7   4
5   2
3
Notice
1950
4
entral
ark Hotel
Connect Busan
Hotel & Residence
10
8
2
Hotel
Momo
釜山大橋
島大橋

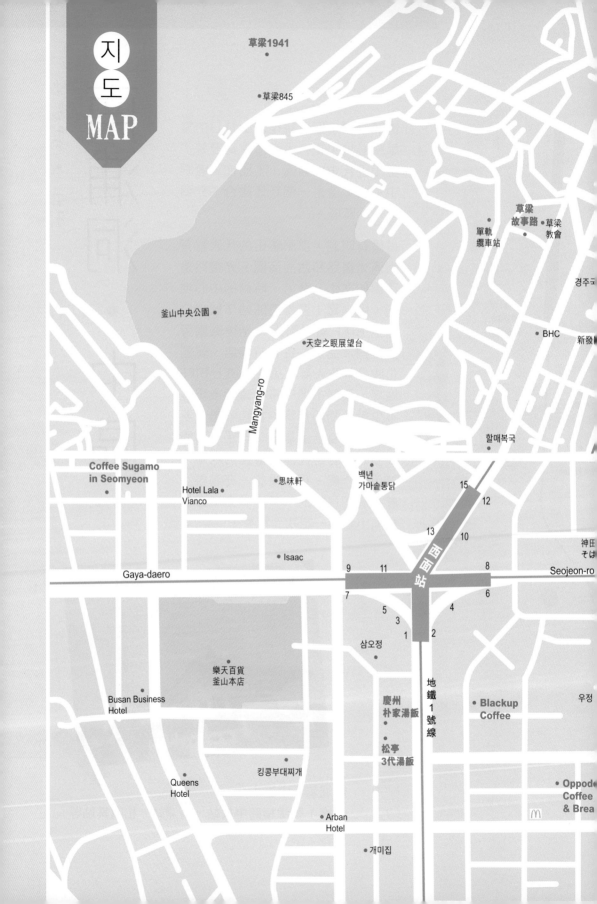

草梁1941

草梁845

草梁
故事路 •草梁
教會

單軌
纜車站

경주국

釜山中央公園 •

•天空之眼展望台

• BHC   新發

Mangyang-ro

할매복국

**Coffee Sugamo
in Seomyeon**

Hotel Lala •
Vianco

思味軒

백년
가마솥통닭

15

12

13

10

神田
そば

• Isaac

Gaya-daero

9   11

西
面
站

8

Seojeon-ro

7

6

5   4

3

1   2

삼오정

樂天百貨
釜山本店

慶州
朴家湯飯

地
鐵
1
號
線

**Blackup
Coffee**

우정

Busan Business
Hotel

松亭
3代湯飯

킹콩부대찌개

Queens
Hotel

• Oppod
Coffee
& Brea

• Arban
Hotel

개미집

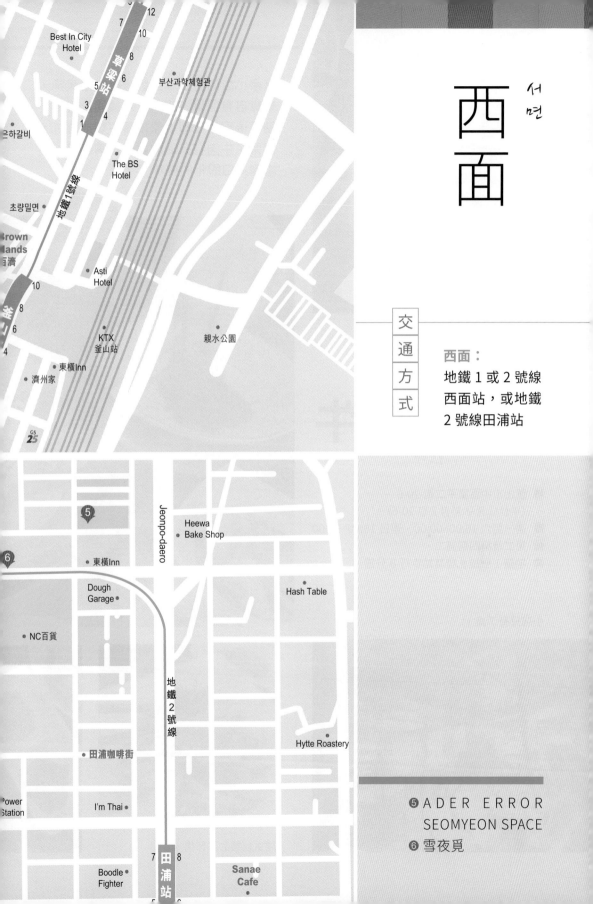

西面 서면

交通方式

西面：
地鐵 1 或 2 號線
西面站，或地鐵
2 號線田浦站

❺ ADER ERROR
SEOMYEON SPACE
❻ 雪夜覓

藏在胡同內的烤韓牛店。

這家小店的店主本身經營畜牧生產業，來貨自有保證。店內只用**韓國產韓牛**，點餐後廚師立即以原塊韓牛切成薄片，保留了牛肉特有的肉香，在嘴裏可以品嚐到入口即化的美味。

韓牛需要以3人份起，豆芽可免費追加。

2023年6月OPEN

胡同烤韓牛

로스맨

地 釜山市中區富平二街 20-6
　（부산시 중구 부평 2 길 20-6）
時 週一至六 16:00~00:00、週日 16:00~22:00
休 第二及第四個週二
交 地鐵 1 號線札嘎其站步行 8 分鐘

小店只有 7 桌。

店主秘製的洋葱醬。

店主親自把韓牛切好奉桌。圖為 3 人份的韓牛肩胛肉（한우로스구이，300g）。

豆芽吸滿了韓牛油脂精華，極級美味。

這裏的烤韓牛肩胛肉（前腿肉）一份只需₩ 12,900，雖然要以 3 人份起點餐，但竟然能用這個價格吃到韓牛的確有點難以相信。

店主以牛脂肪（真正的牛油）開鑊，在烤韓牛的同時，再加入豆芽以韓牛牛脂炒熟，而豆芽的水氣也滋潤了韓牛，用韓牛包着豆芽同吃，是第一推薦的食法。另外也可以試試店主的秘方洋葱醬，酸酸甜甜，或者以海鹽作簡單調味，最能品嚐韓牛原味。提提大家，豆芽、洋葱醬和小菜可免費追加的啊！

粉紅岩鹽也不錯。

吃韓牛配大醬湯也是必須的，多加一個白飯便煮成韓牛大醬湯飯！

酒過三巡，吃一口大醬湯飯，醒酒又暖胃。

樂天百貨釜山光復店在 2022 年進行大翻新，有多個新品牌及食店進駐，除了有旅客喜歡的樂天超市，還有 2023 年起進駐的多個韓國爆紅品牌，包括 Noah's Roasting、Black Coffee、Covernat、Brownbreath 等。光復店還有一特色，就是設有**空中花園**（옥상공원）和**展望台**（전망대），可一覽釜山市的景色。

2022年RENOVATE

樂天百貨
光復店

롯데백화점부산광복점

地　釜山市中區中央大路 2
　　（부산시 중구 중앙대로 2）
時　10:30~20:00（週五六日至 21:00）
休　每月有一天休館，請到官網查核
網　http://store.lotteshopping.com
交　地鐵 1 號線**南浦站** 10 號出口與樂天百貨地庫一層相連

其中一個新進駐的品牌。

悠閒的 Brunch cafe。

Cafe Arte Marco 是畫廊與咖啡廳結合的綜合文化空間，可以在同一個地方觀賞展品和喝好的咖啡。

OPS 옵스

OPS 是一家西式蛋糕包點專門店，供應不同的特色麵包、西餅、蛋糕及咖啡，主張以天然材料製作。通常每人至少買 4 至 6 件麵包西餅，送禮用的盒裝西餅也很受歡迎。問過釜山朋友，OPS 的西餅是公認好吃而又夠體面的見面禮之一，難怪人人都買不少。

i-D [idstore]

小知識

樂天集團在 2000 年獲得中央洞 7 街的建築許可證，欲打造一座標誌性地標釜山樂天塔。經歷幾次停工和設計變更，隈研吾建築都市設計事務所（KKAA）最終取代最初 SOM 建築設計事務所的設計，並於 2023 年 8 月舉辦奠基儀式，正式動工，預計 2026 年竣工。

目前韓國最高建築是位於首爾、555 米高的樂天世界大廈，第二高是釜山 412 米的 LCT 頂尖地標塔，若釜山樂天塔完工，將以 342 米成為韓國第三高大樓。

BLACKUP COFFEE

招牌是海鹽咖啡，忌廉奶泡厚厚而鮮甜，配上海鹽味道豐富。

自家設計的特色 Hand drip bag。

樂天超市永遠是掃手信的最佳場地。超市有兩個入口，可由樂天百貨 1 樓或從外面進入，就算百貨公司關門也不怕。

如果首爾的地標是南山的首爾塔,那麼位於龍頭山公園內的釜山塔就是釜山地標。觀景台仿慶州佛國寺多寶塔屋頂的寶蓋建成,海拔 69 米,高 120 米。由觀景台俯瞰,可欣賞釜山美麗的夜景。

從觀景台眺望中區、影島、釜山港的景色。

釜山鑽石塔

부산다이아몬드타워

地 釜山市中區龍頭山街 37-55
  (부산시 중구 용두산길 37-55)

時 10:00~21:30

費 展望台:成人(19 歲或以上)₩ 12,000、
  兒童(3 至 18 歲)及長者(65 歲或以上)
  ₩ 9,000

網 https://instagram.com/busantower_
  official

交 地鐵 1 號線南浦站,於 5 或 7 號出口往左
  直走約 10 分鐘,使用光復洞扶手電梯直
  達龍頭山公園

由此乘搭扶手電梯至龍頭山公園。

鑽石塔圖案燒酒杯。

鑽石塔內的紀念品店。

24 小時的釜山實拍縮時。

天氣晴朗時釜山的景色真是
一絕。

釜山海洋主題小展覽。

觀景台經過翻新,於 2021 年重新開幕,並改名為「鑽石塔」。除了依舊可以看到 180 度釜山景色,以投影方法看 24 小時的釜山實拍縮時,同樣震撼。此外還有釜山海洋小展覽,晚上還會進行煙花投影秀。最後 Black Wonderland in Busan 的主題體驗,可以讓旅客感受現在釜山的活力!

Visual art 下的釜山。

龍頭山公園 (용두산공원)

鑽石塔所處的龍頭山是位於釜山市區內的丘陵,亦是釜山 3 大名山之一,位於中區的中心。經歷過日治時期及韓國戰爭、光復等歲月,直到後期植樹的努力有成,才成為現時的龍頭山公園。建有斥和碑、忠魂塔、419 起義紀念塔、李忠武公銅像、鑽石塔等。龍頭山公園種植了多個品種樹木,包括 3 月盛放的梅花樹和 4 月的櫻花樹,所以釜山民眾一到開花季節都會一家大小到龍頭山賞花。

2021 年完工，3 樓至 5 樓是客房，共有 9 個房間及 3 種房型，主要是客房大小和提供浴缸或沐浴的分別。所有房間都備有早餐、小食櫃、手沖咖啡用具、茶具、文具、黑膠唱機和藍芽音響等。老闆為了讓住客能更了解釜山在地文化，遂與當地品牌合作推廣，包括書店、香薰、咖啡豆、茶葉、精釀啤酒、魚糕小食、沐浴球等。

Good Ol' Days
Busan Hotel & Cafe
굿올데이즈 호텔

- 地　釜山市中區中央大路 41 號街 5
　　（부산시 중구 중앙대로 41 번길 5）
- 時　11:00~22:00
- 交　地鐵 1 號線中央站 1 號出口，或地鐵 1 號線南浦站 7 號出口，右轉直走到路口左轉，再直走約 4 分鐘

Cafe 二樓環境開揚。

Good Ol' Days Busan Hotel & Cafe 的老闆 Sean 和 Jennifer 是一對韓台夫婦，Good ol' Days（過去的美好時光）是他們整體的品牌概念，寓意提醒在疫情期間感到焦慮的自己，不要後悔已經發生的過去，不要擔心還沒發生的未來，專注當下，往後回想都將會是 Good old days，這方面完全可從品牌的設計、服務、選項、餐點、氛圍中體現出來。

中央櫃台是常設當地品牌的 Pop up 位置，不定期精選當地手作品牌及設計師的產品寄售，支持當地品牌發展，筆者採訪當天正好換上一個皮革品牌的 Pop up。

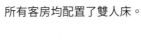

所有客房均配置了雙人床。

其中兩個房型設有浴缸，洗浴用品選用了 Malin + Goetz。

老闆送給房客的小禮物。

房間最大的特色是只提供書桌，沒有電視機，老闆希望住客可以專注當下的旅程和休息。

Good Ol' Days Cafe

1 至 2 樓是 Cafe，5 樓是 Rooftop Garden。訪客可以在這裏記錄旅程中某個時刻，或將當下心意以明信片寄出。明信片都是釜山的風景，除了老闆親自拍攝的美景之外，也有不少釜山攝影師的作品。客人可以使用提供的文具，買下郵票，寫好後交給職員，便會在你指定的月份寄出。

烘焙是每天早上新鮮製作，咖啡豆也用上當地咖啡師品牌。

Cafe 內的明信片牆。

在 Cafe 和 Hotel 登記處旁有一告示板，掛着釜山老店的介紹小卡片，不妨跟着老闆推介，一嚐附近的餐廳也不錯。

中區不能錯過的
傳統市場及海鮮市場

｜釜山規模最大的傳統市場｜

國際市場
국제시장

如果說南大門市場是首爾最大的傳統市場，那麼國際市場就是南大門市場的釜山版。經過 1950 年韓戰，人們開始在國際市場一帶交易物品，久而久之就形成了市場。戰後美軍的軍用及其他物資，和由釜山港流入的各種外來貨品，都會透過國際市場流通到整個韓國，所以在歷史和實際上都有着重要角色。

如果有留意 2014 年上映的韓國電影《國際市場》，就更加不會對這個地方的歷史陌生，電影就是正正道出歷經韓國時代變遷的感人故事，而主角的雜貨店「꽃분이네」也位於市場內。

國際市場佔地甚廣，分為 1 至 6 區，也有 A、B 門之分，內街縱橫交錯。衣服鞋物、生活用品俱全，還有不少二手服店，₩ 1,000 起有交易。

地　釜山市中區中區路 36 號
　　（부산시 중구 중구로 36）
時　09:00~20:00
休　第一及第三週日
交　地鐵 1 號線札嘎其站 7 號口，直走
　　至 BIFF 廣場後

韓國電影《國際市場》主角的雜貨店「꽃분이네」。

同場加映

BIFF 廣場必食推介

這裏一到週末便非常熱鬧，購物、娛樂、美食源源不絕，人氣勁高的堅果炸糖餅（씨앗호떡 ₩ 1,500）即叫即炸，但一點都不油膩，內餡是黑糖加堅果，很多名人會特地來吃。

韭菜餃子、辣炒年糕、魚糕都是街頭小食 Icon。半煎炸韭菜餃子一客 6 件（₩ 3,000），超多肉汁。記得自行取魚糕湯，邊食邊飲。

地　釜山市中區 BIFF 廣場路
　　（부산시 중구 비프광장로）
時　11:00~21:00（下雨天會不定時營業）
交　地鐵 1 號線札嘎其站 7 號出口，直走第二個路口右轉

富平罐頭市場

부평깡통시장

富平罐頭市場位於國際市場旁，白天是南浦洞附近的居民日常採買之所，同時也是遊客來體驗當地人生活、嚐街頭小食的好地方。釜山小食多而便宜，不會因為是旅遊區而抬高價錢。

每到晚上 7 點左右，夜市場更見精彩，釜山及各國小食全部出動，白天的菜檔會收起，換成多款小食檔，要嚐風味，一定不可以錯過這種傳統夜市場！

地　釜山市中區中區路 33 號 25
　　（부산시 중구 중구로 33 번길 25）
時　11:00~21:00
交　地鐵 1 號線札嘎其站，3 號出口直走右轉，沿大路走 7 個街口右轉入中區路 33 號可見入口處，約需 10-15 分鐘

昌善洞小吃街

창선동먹자골목

超過 60 年歷史，在南浦洞最具風味
的露天飲食街，由街頭至街尾密密麻
麻地擺滿小食攤檔，都是親切的釜山
大媽們製作的釜山傳統小食，以拌粉
條、忠武紫菜包飯、釜山魚糕最為聞
名。阿朱媽會跟你說檔檔也是一樣
的，有時不夠位置，會幫你安排坐在
鄰檔。筆者當天就坐在街邊小椅子
上，完成了完美的 Brunch！

地　釜山市中區光復路 35 號
　　（부산시 중구 광복로 35 번길）
時　11:00~21:00
交　地鐵 1 號線札嘎其站 7 號口，直走至 BIFF 廣場後

忠武紫菜包飯₩ 3,000，醃蘿蔔和辣魷魚可
以叫阿朱媽免費添加。

如果想看看當地海鮮市場的原貌，可以到札
嘎其公賣場街市（부산시수협 자갈치공판장）
看看。每天凌晨 4 點釜山港陸續會有漁船歸
航，商人會於漁市場內進行海產交易，而直
到早上 7 點左右，就會變成主婦和一般買手
們的寶地。

拌粉條 / 拌麵條₩ 1,000。

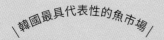
| 韓國最具代表性的魚市場 |

札嘎其市場

자갈치시장

釜山港沿海海產豐富，一年四季各種海鮮漁貨應有盡有，不論當地人日常採購，餐廳老闆取批貨，遊客來享用各款海鮮美食和購買乾貨手信等，都會集中在札嘎其市場一帶，韓國海產、乾魚貨等約有一半更會經札嘎其流通全韓國。

札嘎其市場是一個總稱，它面積大，簡單可分為公賣場、旁邊一帶的食堂、新東亞水產物綜合市場（舊）和札嘎其市場（新海鷗型大樓）。

另外，每年 10 月左右舉辦的「札嘎其慶典」，可以盡情享受各種豐富的新鮮海產，還有很多精彩活動，吸引世界各地遊客前往。

水產市場內很整潔。

地　釜山市中區札嘎其海岸路 52 號
　　（부산시 중구 자갈치해안로 52）
時　09:00~20:00
交　地鐵 1 號線札嘎其站 10 號出口，直走轉右步行 7 分鐘

「新市場」札嘎其市場是釜山的地標建築，離遠都可看到像 3 隻海鷗飛着似的。樓內除了有水產市場、刺身和乾貨中心，還有 OASE 海鮮自助餐廳、OASE 會展中心和婚宴廳、7 樓的 Guesthouse 和頂層瞭望台。

釜山海鮮篇

釜山是海港城市，經釜山港出售和轉運全國的海鮮高達五成，所以人人都說在釜山歎海景食海鮮就如食普通飯一樣，又抵又新鮮！所以希望大家可以多點了解釜山的魚市場及海鮮食法，享受超美味的海鮮之旅！

TIPS 1
海鮮通常以一份或計重量買。

TIPS 2
不怕魚市場腥味的話，可以像當地大叔們，就在魚檔旁直接一口刺身，一口燒酒！

TIPS 3
買海鮮到 2 樓餐廳或是直接到 2 樓餐廳點餐差別不大，按個人喜好或人數而定便可。

TIPS 4
留意海鮮處理費用。

TIPS 5
在海鮮店拜託店主製作刺身後，可保留魚頭、魚骨和魚身，帶到 2 樓餐廳請店員製作辣魚湯或清魚湯。

到魚市場吃海鮮通常會奉送辣魚湯（매운탕），每家做法都不一樣。

在釜山最常吃到比目魚（광어）和石斑（우럭），做刺身和辣魚湯兩食就最抵。比目魚刺身很爽口，2 至 3 人用大約 ₩ 20,000~ ₩ 30,000。

海鞘因為樣子像菠蘿，故又稱「海菠蘿」。做刺身味道甘苦，釜山人最地道的食法就是製成海鞘刺身拌飯。

釜山港的海鮮新鮮，污染較少，所以可以試試近年比較難吃到的大蝲蛄，₩ 10,000 / 份起，約 15 至 20 隻。

鮑魚（전복）煮法很多，有刺身（一盤約十隻₩ 30,000）、烤鮑魚、鮑魚海鮮湯及連同內臟煮的粥（₩ 10,000~ ₩ 15,000），不帶腥。

皇帝蟹 / 大蟹（왕대게 / 대게），平均用香港的1/3 價錢就可食到，圖中的皇帝蟹約₩ 70,000 /時價，夠 2 至 3 人用。

實用海鮮用語對照表

전복	鮑魚	참소라	海螺	탕	湯類
도미	鯛魚	가리비	扇貝	튀김	炸
농어	鱸魚	키조개	牛角蛤	구이	烤
광어	比目魚	장어	鰻魚	찜	煮 / 燉
우럭	石斑	해삼	海參	회덥밥	刺身飯
새우	蝦	멍게	海鞘	생우럭매운탕	石斑辣湯
오징어	魷魚	개불	海腸	알탕 (뚝배기)	明太子湯（沙鍋）
낙지	八爪魚	활어회	活魚刺身	무듬조개탕	貝類雜錦湯

釜山站 / 草梁洞一帶

跟住這個指示牌就可以沿着故事路散步。

釜山站和草梁洞一帶屬於東區，鄰近中區、南浦洞和中央洞，同樣是舊有繁華的城市中心地帶，也是近年人口減少的「老區」之一。從另一角度看，就是一個充滿歷史和故事的地方。近年釜山進行不少都市再生的文化城市計劃，為不同角落注入生氣，有故事和歷史的地方，反而多一番地區風味。

| 邊走邊看從前和現在的釜山 |

草梁故事
散步路

초랑이바구길

兩韓戰爭時，很多人由北向南避難，所以有好幾個難民避難區。除了國際市場、40 階梯路，還有近釜山站的草梁洞和凡一洞。而由釜山站起向山上走至望洋路就是草梁故事散步路（約 1.5 公里），除了有一片美景，也留有不少與當時民生和歷史有關的景點和故事。

如有充足時間，建議按着地圖走草梁故事散步路；但如果時間有限，可以走前半段至故事工作室及展望台，從另一角度看看釜山景色。

🚇 地鐵 1 號線釜山站 7 號出口，直走至第一個路口左轉，按指示往上走。

故事工作室旁有一個新建好的展望台，可飽覽釜山美景。

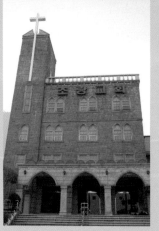

草梁教會建於 1893 年，是釜山最初興建的教會，也是故事路的起點。

草粱 1941

초량 1941

有看過韓劇《只是相愛的關係》的話，對草粱 1941 的咖啡小屋一定不陌生。這一組日式小屋從 1941 年保留到現在，室內帶有日治時期的日韓式風味。韓妹們很喜歡蒸甜包和櫻花期特有的櫻花牛乳，蒸甜包其實是韓國舊時的街頭小食，行過望洋路看花，不妨順道走上來坐坐。

紅豆味蒸甜包。

店內一角可免費任食花生。

櫻花牛乳

地　釜山市東區望洋路 533-5
　　(부산시 동구 망양로 533-5)
時　11:00~19:00
休　週二
網　www.instagram.com/
　　_choryang
交　地鐵 1 號線南浦站，轉的士約 10-15 分鐘

望洋路櫻花路

望洋路櫻花大道是其中一個韓國人賞櫻秘點，近年因為草粱洞和望洋路一帶的交通改善了和新增 168 階梯 Monorail，令大家可以在草粱故事路和望洋路一帶都可以散策漫遊。

舊區都市再生魅力

登錄文化財 647 號的展示牌。

Brown Hands 百濟

브라운핸즈백제

草梁故事散步路的第一個景點可以放在「Brown Hands 百濟」。這一座磚紅色建築物坐落在釜山老城區，前身是釜山最早的現代式綜合醫院──原百濟醫院。創建於 1922 年，1932 年停業後，先後改建過作為中國餐廳、日軍軍官宿舍、釜山治安司令部等，與坎坷的釜山歷史一同度過了艱難的歲月。

近年已改建為一間復古風咖啡廳，建築原有結構與痕跡盡可能保留，展現了最原始的歷史風貌，並成為登錄文化財 647 號建築。

地 釜山市東區中央大路 209 號街 16
（부산시 동구 중앙대로 209 번길 16）

時 10:00~22:00

交 地鐵 1 號線釜山站 7 號出口，直走一個路口左轉

小甜點也不錯。

建築原有結構與痕跡原汁原味被保留。

咖啡豆選擇不少，單是美式也有 3 種。

三樓半開放式空間。

NOTICE 1950

노티스 1950

位於中央洞的 Notice 1950，是改造自 1950
年代的大米倉庫，現在成為包含了 Coffee、
Food、Drink、Culture 的複合文化空間，因曾
是韓劇《三流之路》及多個電影、電視劇、廣告
拍攝地而聞名。

二樓及三樓的窗邊位置可欣賞到釜山港全景，屋
頂也有 Rooftop Garden。最近一樓的文化複合
空間常常舉辦地區文化活動。

地　釜山市中區大橋路 135（부산시 중구 대교로 135）
時　11:00~23:00
交　地鐵 1 號線中央站 2 號出口，步行 10 分鐘

室內設計非常獨特。

從 Rooftop
Garden 俯瞰
釜山港全景。

釜山西面商圈

西面購物商圈有點弘大的氛圍，種類繁多，包括樂天百貨、各品牌韓系美妝店、西面購物地下街、豬肉湯飯一條街、田浦咖啡街等。此外釜田市場是韓國戰爭後難民聚居的生活根據地之一，物品最地道，價格又實惠。

到訪 Blackup Coffee 當日的 Signature coffee 是危地馬拉的咖啡豆。

Blackup Coffee
西面總店
블럭업커피

釜山咖啡品牌之一，與一般連鎖品牌不同，會定期對國內外各種特色咖啡進行檢測，以選出品質好的鮮豆，也會參加 "Excellence Auction" 或直接通過農場購買生豆。每一季會推出不同的 Signature coffee。建議大家可到西面總店，產品最為齊全，Hand drip bag 更可當特別的釜山手信。

地 釜山市釜山鎮區西田路 10 街 41
（부산시 부산진구 서전로 10 번길 41）
時 10:00~22:00
網 www.blackupcoffee.com
交 地鐵 1 或 2 號線西面站 2 號出口，步行 2 分鐘

田浦咖啡街
전포카페거리

西面、田浦一帶集合時下最新最流行玩意，而田浦站附近更形成了田浦咖啡街，同時也有不少特色餐廳，韓式、日式、Fusion 或是外國口味都不錯。

地 釜山市田浦大路 209-26
（부산시 부산진구 전포대로 209 번길 26）
時 各店不一
交 地鐵 2 號線田浦站 7 號出口

Oppodd
Coffee & Bread
옵도드 커피

Oppodd 品牌玩味十足，吸引 MZ 一代的目光，更是釜山高中生、大學生最愛的空間，24 小時營業，不論約朋友放鬆打發時間，或是小組學習討論都適合。自家品牌的 Cold brew 設計如手工啤酒，此外還有不少 Oppodd 風格的生活雜貨和文具。

地 釜山市釜山鎮區中央大路 680 號가街 38
（부산시 부산진구 중앙대로 680 번가길 38）
時 12:00~00:00
交 地鐵 1 或 2 號線西面站 2 號出口，步行 5 分鐘

設計像手工啤酒的 Cold brew。

Sanae Cafe

산애카페

以 "For good rest in life" 為宗旨。除了咖啡，也會以倫敦直購的茶葉製作濃濃的茶、奶茶和雪糕。

地 釜山市釜山鎮區田浦大路 190 號街 19
（부산시 부산진구 전포대로 190 번길 19）
時 12:00~21:00
網 www.instagram.com/sanae_cafe/
交 地鐵 2 號線田浦站 6 號出口，步行 2 分鐘

到訪時看到貓店長，店主說牠是擁有自由靈魂的貓咪，散步、休息都不會打擾牠，也請訪客不要多手觸摸。

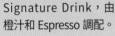

Signature Drink，由橙汁和 Espresso 調配。

Coffee Sugamo
in Seomyeon

커피스가모 인 서면

這家咖啡店採用罕見的傳統手沖和虹吸式咖啡器，可以享受與眾不同的咖啡風味。日式西洋風的裝修令人感覺置身日本傳統西式咖啡廳。特別一提這裏的甜品，與咖啡是絕配！

地 釜山市釜山鎮區伽倻大路 755 號街 23
（부산시 부산진구 가야대로 755 번길 23）
時 10:30~22:00   休 週日
交 地鐵 1 或 2 號線西面站 9 號出口，步行 8 分鐘

大推虹吸式咖啡，高醇有厚度。　　精緻的甜點是咖啡店的第二皇牌。

西面豬肉湯飯一條街

돼지국밥거리

在西面路 68 號街上，有一連 5 至 6 家人氣豬肉湯飯店，每家都超過 50 年歷史，多個國內外傳媒和美食旅遊節目都有介紹過，它們都有自家秘方，部分更是 24 小時營業，所以當早餐又得，宵夜都得！

交 地鐵 1 或 2 號線西面站 1 號出口，第一個路口右轉，然後左走再左轉，便是豬肉湯飯一條街

早上 11 點已高朋滿座。

豬肉湯飯
（돼지국밥
₩ 9,000）。

慶州朴家湯飯

경주국밥

1954 年起家，店外不停滾着濃濃的豬骨湯和飄着白煮肉的香氣，就是慶州朴家的標記。最基本的有豬肉湯飯，也有豬肉血腸湯飯、血腸湯飯和內臟湯飯等。

豬肉湯飯看似普通，但是豬肉豬骨湯底熬足 12 小時，加上白煮五花肉沒有肉腥只有肉香，而且肉的分量超乎想像的多！當地人喜歡在豬肉湯飯裏加入韭菜、蝦醬、辣醬等，比較重口味。但筆者覺得先嚐一口原味，再加入蝦醬提鮮增鹹為佳。

通常辣醬已放於匙羹上，如果不能食辣，可以在湯飯到時先拿起匙羹。

地 釜山市釜山鎮區西面路 68 號街 27
（부산시 부산진구 서면로 68 번길 27）
時 24 小時

肉的分量給得慷慨地多。

筆者最愛先嚐一口原味，再加入蝦醬調味，記住，蝦醬很鹹的！

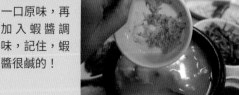

松亭 3 代湯飯

송정 3 대국밥

同在西面豬肉湯飯一條街，同是名叫豬肉湯飯，但每家的看家本領都不一樣。松亭 3 代的由來與店名一樣，始於 1946 年，可說是豬肉湯飯街上最有歷史的一家店，現已交棒到第三代。

松亭的豬肉湯飯除了豬骨湯濃、肉量多，還有特別食法，就是在湯飯送到時，加入一小球麵線和蝦醬食用。麵線食完後，再把飯倒進鍋中，湯飯就此而成。

地　釜山市釜山鎮區西面路 68 號街 29
　　（부산시 부산진구 서면로 68 번길 29）
時　24 小時

店內有多年來光顧過的名人明星簽名。

阿朱媽甫奉上豬肉湯飯（돼지국밥￦ 8,500），為了教筆者地道食法，一下子就把麵線和蝦醬倒進湯中，她說這是最佳比例。

還有甚麼推薦？

傳說中的辣豬肉湯飯（소문난 돼지국밥）。

有血腸、豬肉和內臟的豬肉湯飯，可一次過吃盡豬的不同部位。

ADER ERROR 從外觀看就像畫廊。

ADER ERROR SEOMYEON SPACE 是西面新進駐的品牌複合空間，包括 Tongue、ADERERROR、A-Ventory 和 Picktion。

2022年11月OPEN

ADER ERROR
SEOMYEON SPACE

아더서면스페이스

地 釜山市釜山鎮區西田路 37 號街 18
（부산시 부산진구 서전로 37 번길 18）

時 13:00~21:00

網 en.adererror.com
www.instagram.com/tongue_cafe

交 地鐵 1 或 2 號線西面站 8 號出口，
步行 10 分鐘

B1 層是 ADER ERROR showroom。ADER 成立於 2014 年，是基於時尚文化傳播的品牌，專注於表達人們在日常生活中容易錯過的細節，通過重組與編輯，給予大眾新鮮卻又熟悉的時尚體驗。

ADER 通過圖片、視頻、空間、設計、藝術、互動等多角度引領全新的時尚文化，除了與不同品牌聯乘，Classic 系列和當季的期間限定系列都很受歡迎。

從設置在建築物外牆的 5 個熒幕，可以率先觀賞 Tongue 的各種甜點。

Cafe 以 Tongue
自行設計的家具
和復古進口家具
拼砌，空間感突
出。

Tongue
cheesecake
(₩13,000)

1樓是 Cafe Tongue（카페 텅）。Tongue 是這兩年人氣極
高的時尚餐飲品牌，繼首爾聖水洞、蠶室、江南之
後，在釜山開設了第四分店，也是釜山唯一店。
品牌宗旨為 "Make your Episode"，以獨特的
甜品和酷似畫廊的藝術形式，配上餐桌家具品牌
Picktion、數碼內容和國內外藝術家的作品，打
造具個人風格的生活方式
主題。

Tongue
系列甜品。

特色咖啡及
不含咖啡因
的 Mocktail。

不同風格的男裝，打造韓
男風。

雪夜覓總店設在慶南的梁山，是梁山最受歡迎的烤肉店，有很多從釜山來的顧客光顧，為了滿足這批老饕，2023 年在釜山西面開設第二直營店。由於本身是**熟成肉專賣店**，所以肉的質量一點也不需要擔心。

雪夜覓是於 2022 及 2023 年被列入韓國版米芝蓮「藍絲帶」的熟成肉專賣店。

2023年7月OPEN

雪夜覓

설야멱

- **地** 釜山市釜山鎮區西田路 27 2 樓
  (부산시 부산진구 서전로 27 2 층)
- **時** 週二至五 15:30~00:00
  週六、日 11:00~00:00
- **交** 地鐵 1 或 2 號線**西面站** 8 號出口，步行 3 分鐘

店員會協助烤肉，厚切豬肉有豐富的肉汁。

專業的暖烤架，邊聊
邊食也不怕放涼。

各款醬料和配菜。

醃苕葱、醃海帶和醃辣椒。

從醬料、配菜、食法和雪夜覓獨有餐單，都
展示着具雪夜覓個性的品嚐方式。醬料有黃
芥辣、生芥辣、炒魚乾鹽、特製醬油、玄米
包飯醬，配菜有白泡菜、南瓜沙律、醃苕葱
（茗蕘）和醃生菜。雪夜覓其中一個特別的食
法，就是配上輕輕在帶有豬油的鐵板烤兩烤
的羅勒葉，一試難忘。

醃生菜。

烤肉出色，豬肉大醬湯
也是味道一流。如果
想點一個飽肚的餐
點收尾，建議可以
一試雪夜覓職員最
愛的生牛肉拌麵。

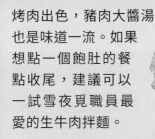

烤大菇配
炒魚乾鹽。

烤肉配羅勒葉。

生牛肉
拌麵。

豬肉大醬湯是
招牌之一。

中區路線推介

中區酒店選擇多，如果打算以 KTX 鐵路往返釜山及其他城市如大邱、首爾，建議訂釜山站附近（可步行到達的距離）的酒店。

住在西面站有一好處，就是它是位處 1 號線和 2 號線交匯的大站，而且往返金海國際機場、前往海雲台一帶或中區也很方便。

安排行程小貼士

❶ 南浦洞、影島、草梁洞行程可安排在同一天。
❷ 鐵路往返首爾—釜山或釜山—大邱的，建議住在釜山站旁的酒店。
❸ 喜歡逛小店、百貨的朋友，西面可以玩上大半天，一半時間去 Cafe，一半時間逛街，晚餐的餐廳選擇也很多。

南浦洞 Shopping

Kakao Friends Store。

著名杏仁手信品牌 HBAF 釜山店。

人生四格，₩ 4,000 起就可以與家人朋友留下美好回憶。

男士西裝品牌、運動品牌、女裝品牌及美妝店應有盡有。

韓國街頭
小食琳琅
滿目。

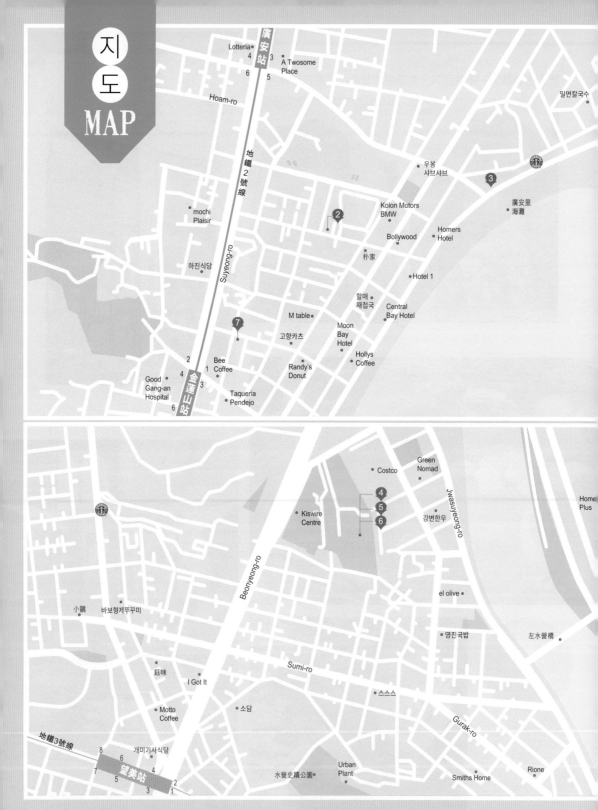

① Millac the Market ② 溫飯 ③ Cha Seon Chaeg ④ F1963
⑤ 福順都家 ⑥ Hyundai motor studio Busan ⑦ Deepflow Brewing

水營區 · 廣安里

수영구 · 광안리

釜山有好幾個著名海灘，水營區廣安里是其中一個，最標誌性的就是從廣安里看到的廣安大橋。每年的7、8月可說是釜山的黃金月，多個海灘都有大大小小的夏日慶典，幾乎每個週末都有廣安里藝術市場，非常熱鬧。而廣安里一帶是咖啡街，大部分咖啡店都可以欣賞到廣安大橋景色。

特別一提，每年4月很多人都會專程去附近的南川洞櫻花路和金蓮山賞櫻花。

交 通 方 式

地鐵2號線水營站、廣安站、民樂站及金蓮山站一帶

Millac The Market 是 2022 年夏天開幕的複合文化空間，位於廣安里沙灘近民樂海鮮大樓附近。裏面設有不同國家特色餐廳、Pub、Bar、咖啡廳、服飾店、首飾店等，也不時有 Pop up store 和展覽。想 Chill 一點，可以外帶一個韓國青年男女都要買的龍蝦三文治和手工啤酒，坐在公共紅磚空間，邊看海景邊享受美食！

Millac
the Market
밀락데마켓

地 釜山市水營區民樂水邊路 17 號街 56
（부산시 수영구 민락수변로 17 번길 56）

時 10:00~00:00

網 www.instagram.com/millac_the_market_official

交 地鐵 2 號線民樂站 1 號出口，於水營現代公寓民樂站（수영현대아파트민락역）乘 210 號巴士到民樂填海地公演停車場站（민락매립지공연주차장），下車後步行約 3 分鐘

龍蝦三文治配炸薯條。

公共紅磚空間。

Flower Market。

到訪時是 Pepero Day（11 月 11 日）前夕，百力支都有小花束作包裝。

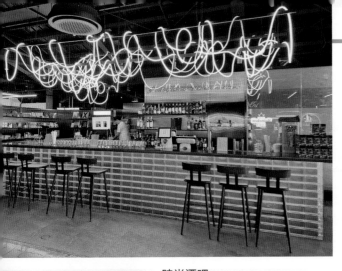

不同國家特色
餐廳和咖啡廳。

時尚酒吧。

中西韓日印港
越式都有。

不定期有品牌
Pop up store。

真蜂蜜
雪糕。

西部牛仔主題的人生四格拍照館。

釜山人氣打卡店之一，「溫飯」就是一個讓客人可以吃一頓熱呼呼飯餐的空間，飯、湯、主菜、小菜都是用心準備的**日式家常定食**，味道不錯。定食以烤魚為主，另有提供烤肉。

烤三文魚套餐（₩ 14,000）。另有烤鯖魚套餐（₩ 11,000）及烤金鯛魚套餐（₩ 18,000）

溫飯

온밥

地 釜山市水營區水營路 540 號街 49
（부산시 수영구 수영로 540 번길 49）

時 11:30~15:00、17:00~20:30

休 週一

交 地鐵 2 號線金蓮山站 1 號出口或廣安站 5 號出口，步行約 13 分鐘

小店一間，約有 12 個座位。

烤三文魚有三大件，魚皮烤得香脆，魚油爆棚。

手繪餐牌很可愛。

室內設計走韓屋風格的海景咖啡廳，可以將廣安大橋和閃亮海景盡收眼底，靠窗一排是人氣座位。為顧客健康着想，所有蛋糕都是手工製作，且是不含麵粉的無麩質蛋糕，只使用木糖；飲品方面，除了咖啡和特飲，也提供無咖啡因咖啡及茶品。

Cha Seon Chaeg

차선책

地 釜山市水營區廣安海邊路 237 3 樓
（부산시 수영구 광안해변로 237 3 층）

時 11:00~22:00

網 www.instagram.com/cafe_cha.sun.cheak

交 地鐵 2 號線廣安站 3 或 5 號出口，步行約 15 分鐘

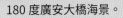

180 度廣安大橋海景。

無咖啡因的 Rooibos Tea（南非博士茶）。

黑芝麻蛋糕（₩ 7,500）。

夏天就飲冰茶。

F 代表工廠，曾是全球特殊線材製造商的高麗製鋼工廠於 1963 年在水營區望美洞建成，2019 年改建成時尚文化複合空間，利用原有空間及工廠園區本身的特性，加入大自然、環保和藝術，成為最值得遊走的文化空間。

F1963

地　釜山市水營區歐樂路 123 號街 20
　　（부산시 수영구 구락로 123 번길 20）
時　設施不一
休　週一
網　www.f1963.com
交　地鐵 3 號線望美站 2 或 4 號出口，步行約 20 分鐘；或望美站 4 號出口轉乘水營區巴士 2 號，在水營公寓站下車，旁是 COSTCO

KUKJE GALLERY（국제갤러리）。

Yes24 書店

韓國最大規模二手書店，結合 TERAROSA COFFEE 形成書香和咖啡香共享空間。書店中央不時有特備小展覽，筆者採訪時的主題是濟州島小設計。

時　平日 11:00~20:00
　　週末 11:00~21:00

TERAROSA COFFEE 自家
烘焙的咖啡豆。

TERAROSA COFFEE
特色吧枱。

新鮮天然發酵麵包。

TERAROSA COFFEE

自家烘焙的咖啡豆和天然發酵麵包是兩大賣點。TERAROSA 不
同分店各有不同主題室內設計，F1963 店就以舊工廠留下來的機
器、鐵板、發電機件作裝飾。

時　09:00~21:00（L.O.20:30）
網　www.terarosa.com

F1963 走輕工業與大自然元素結合，吸引不少著名餐
飲店家進駐，包括純手工釀造米酒聞名的福順都家、
知名韓國咖啡品牌 TERAROSA COFFEE、YES24 複合
式書店、PRAHA993 捷克啤酒等，另外還有 KUKJE
GALLERY，舉行不少藝術展覽。不妨來吃個特別的午
餐，參觀展覽，逛逛書店，再嚐一杯咖啡。

PRAHA993

PRAHA993 是採用布雷諾夫修道院傳承千年的製酒工藝製作啤酒
的啤酒廠與酒吧。在 PRAHA993，可以享受到布雷諾夫修道院釀
酒廠的釀酒師和捷克主廚製作的捷克傳統啤酒和美食。

時　11:00~22:30

可以帶走
的 993。

漢堡包是餐點之一。

以白色為主的室內設計。

福順都家的手工馬格利酒（막걸리）採用地區生產的大米和傳統酒麴，以家傳工藝在酒缸中發酵製作，帶有天然碳酸，口感厚實，曾被選為 2012 年首爾核安全峰會、2013 年青瓦台駐外公館長官晚宴的國宴用酒，成為代表韓國的傳統佳釀之一。

福順都家

복순도가

地 釜山市水營區歐樂路 123 號街 20
（부산시 수영구 구락로 123 번길 20）

時 11:30~22:30（L.O.20:30）

休 週一至五 15:30~17:30

網 www.boksoon.com

交 地鐵 3 號線望美站 2 或 4 號出口，步行約 20 分鐘；或望美站 4 號出口轉乘水營區巴士 2 號，在水營公寓站下車，旁是 COSTCO

註：福順都家本部位於韓國蔚山，可以預約參加製作手工米酒。

一直沿用的發酵酒缸。

這裏的米酒以香檳杯侍客。

含有用米發酵成酒餅成分的護膚品。

可以買走的瓶裝米酒。米酒含有豐富乳酸菌及維生素 B，有助養顏美容。

Mozzarella 煎薯餅（₩ 22,000）

傳統來說，馬格利米酒與烤肉、拌飯和煎餅都是絕配。福順都家主廚將傳統菜式加入創新元素，做得更精緻、更美味！

烤肉拼盤，配上特製鹽及醬料。

海膽蓋飯

將多種蔬菜切絲拌上辣醬，清爽又美味，配上一杯純手工米酒，是既簡單又迷人的韓式美味！

刺身蓋飯。

現代汽車（Hyundai motor）的「現代汽車文化中心釜山」設於 F1963，設計和體驗主題為「Design to live by」，透過設計展、概念車、藝術聯名車來呈現現代汽車的未來願景。這裏有不同體驗，包括各種與現代汽車文化有關的藝文內容。

共四層樓的建築呈長方形，以一樓的 LED 創意牆迎接遊客的到訪。

Hyundai
motor studio Busan

현대모터스튜디오

地 釜山市水營區歐樂路 123 號街 20
（부산시 수영구 구락로 123 번길 20）

時 10:00~20:00

休 每月第一個週一、元旦、春節、中秋節當日及翌日

時 motorstudio.hyundai.com/busan

交 地鐵 3 號線望美站 2 或 4 號出口，步行約 20 分鐘；或望美站 4 號出口轉乘水營區巴士 2 號，在水營公寓站下車，旁是 COSTCO

最新型號 SEVEN 七人座概念車。

二樓為展覽空間，透過各式展覽展示現代汽車獨到的設計理念及前瞻性。

筆者到訪當天是 2023 年 6 月，中心正進行第四場展覽「Home Stories」，由現代汽車與維特拉設計博物館合作舉辦。透過維特拉設計博物館的 20 項室內設計，探討上世紀居家文化的演變過程。

從三樓可俯瞰二樓展覽，並另設展覽及休憩空間；四樓的 Learning Zone 提供設計相關書籍並設有工作坊，不時進行利用汽車廢棄零件升級再造 DIY、兒童設計或拼圖研習等活動。

寧靜巷弄 尋寶新發現
新興民樂洞咖啡小胡同

有人喜歡廣安里海邊咖啡廳的風景，也有人喜歡寧靜巷弄內的咖啡店，民樂洞咖啡小胡同裏的多是寵物友善小店，所以好多時會見到各種狗狗。與海邊的咖啡廳不同，這裏反而寧靜，可以慢慢品嚐咖啡。

Lane Street Coffee Shop 戶外位置挺舒服。

店家有提供印度 Arkadia Chai Tea，也有低咖啡因咖啡。

Hausmell coffee。

留意官方 IG，不定期會舉辦手沖咖啡班。

Deepflow Brewing

딥플로우브루잉

廣安里專業手沖咖啡吧，與海雲台店是兩個不同的主題。在咖啡吧裏可享受用自己烘焙的新鮮咖啡豆沖製的咖啡，另外也提供低咖啡因咖啡豆和清香茶，餐點則有意大利雪糕和甜品。

各款手沖咖啡包。

本月精選咖啡豆。

點了一杯手沖咖啡。

甜品味道一流，跟咖啡是絕配。

地　釜山市水營區水營路 510 號街 20
　　（부산시 수영구 수영로 510 번길 20）
時　11:00~19:00
休　週日
網　www.instagram.com/deepflow_brewing/
交　地鐵 2 號線金蓮山站 1 號出口，步行約 5 分鐘

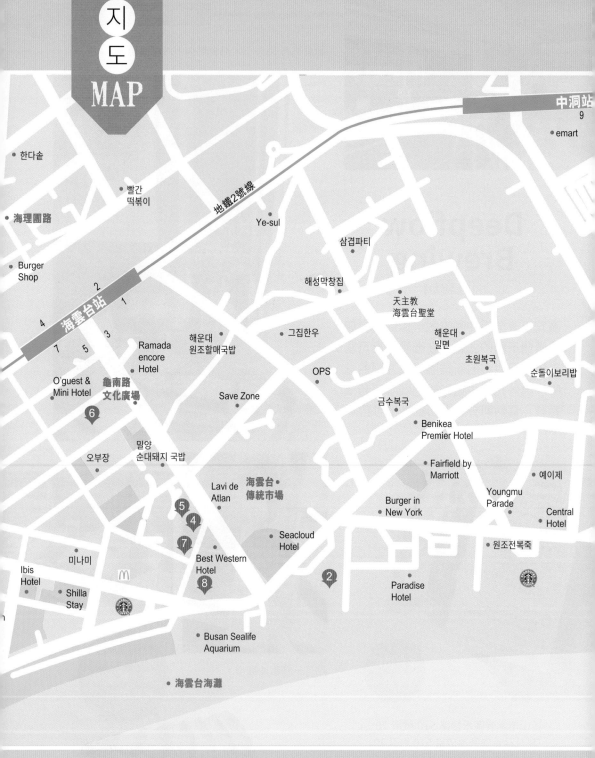

지도
MAP

中洞站
9

• emart

• 한다솥

• 빨간 떡볶이

海理團路

地鐵2號線

Ye-sul

삼겹파티

• Burger Shop

해성막창집

天主教 海雲台聖堂

해운대 밀면

초원복국

海雲台站

그집한우

Ramada encore Hotel

해운대 원조할매국밥

OPS

순돌이보리밥

O'guest & Mini Hotel

龜南路 文化廣場

금수복국

⑥

Save Zone

Benikea Premier Hotel

밀양 순대돼지 국밥

Fairfield by Marriott

• 예이제

오부장

Lavi de Atlan

海雲台 傳統市場

Youngmu Parade

Central Hotel

미나미

⑤

④

Burger in New York

• 원조전복죽

Ibis Hotel

⑦

Seacloud Hotel

• Shilla Stay

Best Western Hotel

⑧

②

Paradise Hotel

• Busan Sealife Aquarium

海雲台海灘

❶ ClubD Oasis ❷ Ryan Holiday in Busan ❸ Busan X The Sky
❹ AMORE BUSAN ❺ O'sulloc Tea House ❻ 桂英商會 ❼ 幸福食堂
❽ SPA 1899 DONGINBI ❿ Haeundae Blueline Park

海雲台

해운대

海雲台最令人印象深刻的，就是電影《海雲台》，而海雲台的沙灘更是釜山的標誌，每年 6 月至 9 月，都吸引成千上萬的當地和海外旅客到訪，享受陽光與海灘。除了海灘，海雲台及附近有不少新興的好玩熱點，如尾浦、青沙浦、松亭等，也是賞櫻熱點，絕對值得到訪。

離海雲台大約半小時車程的機張，是食大蟹、紅蟹和帝皇蟹的熱門地，連同機張市場和附近的東釜山 Premium Outlet、Skyline Luge 和釜山樂天世界，可以玩上整天。

交通方式

地鐵 2 號線至海雲台站、冬柏站、中洞站及 Centum City 站。乘東海線也可以到達松亭、機張及奧西利亞站。

地圖標記：

3　1

· 安家

· 안동갈비

M　오부장 ·

· 미포집

尾里團路

3

· Blue Line Park

극동돼지국밥

새아침식당

尾浦站

10

지도
MAP

Museum One

Homeplus

면옥향천

⑨ Centum City站

BEXCO釜山
展覽會議中心

BEXCO站

海雲台
女子中學

Haeundae
Centum
Hotel

釜山市立
美術館

釜山第二
展示場

地鐵2號線

옥련선원

고은사진미술관

동백站

Gwangnam-ro

Miliaksubyeon-ro

遊艇俱樂部

Haeundaehaebyeon-ro

Haeun-daero

Marina Blue
Kitchen

The Bay
101

Park Hyatt
Hotel

The Westin Josun Bus

Mango Lu

審美眼

La Bella Citta

Ocean
Breeze

대구탕

Dalmaji-gil

노란마후라

← Blue Line Park尾浦站及海雲台海灘

海雲精寺

中洞站

빨간
떡볶이
海理團路
海雲台站

emart

安家

Ramada
encore
Hotel

海雲台
傳統市場

Fairfield by
Marriott

Club D
Oasis

Best Western
Hotel

Seacloud
Hotel

Paradise
Hotel

Busan X
the sky

Budget

海雲台海灘

Cheongsapo-ro

青沙浦
天空步道

하진이네

해운대구이

韓版男兒當入樽
平交道

12

Blue Line
Park
青沙浦站

Cafe
Roof Top

DIART
Coffee

13

11

이네

Cheongsapo-ro

青沙浦雙子燈塔

青沙浦雙子燈塔

해운대
海雲台

⑨ SPA LAND Shinsegae
⑪ 青沙浦驛
⑫ 燈塔鰻魚烤扇貝店
⑬ 青沙浦燈台家

ClubD Oasis 就在 Busan x The Sky 旁，建議使用酒店 Signiel Busan 正門旁邊入口。

Club D Oasis 是目前釜山最新、結合了水上遊樂設施、SPA 和汗蒸幕的綜合娛樂場所，不僅設有 200 米長的滑水道、人工造浪，還有露天酒吧、桑拿和五種主題汗蒸幕。在這裏可以單買水上樂園券或水療券，或買綜合券把全部設施玩個夠！

戶外水上樂園及大型滑水道。

2023年7月OPEN

ClubD
Oasis

클럽디오아시스

地　釜山市海雲台區迎月 30 LCT 3~6 樓
　　（부산시 해운대구 달맞이길 30, 엘시티 3,4,5,6 층）

時　（7~8 月）09:00~22:00
　　（8 月 28 日 ~10 月 22 日）10:00~21:00
　　（水上樂園 ~19:00）

費　綜合券（7 個小時，包括水上樂園及水療）成人 ₩79,000、小童 ₩69,000，水上樂園（6 個小時）成人 ₩69,000、小童 ₩59,000，水療券（5 個小時）成人 ₩30,000、小童 ₩24,000。超過使用時間每小時追加 ₩10,000。Visit Busan Pass 持卡者可享七折。（優惠更新請留意官網）

網　www.clubdoasis.com

交　地鐵 2 號線海雲台站 3 號出口步行 15 分鐘，或中洞站 7 號出口步行 10 分鐘

The Sand 外的戶外桑拿室。

The Palm 人造海浪池。

適合大人小朋友的玩樂設施。

ClubD Oasis 分成三層，最初入場的五樓設有更衣室、沐浴間，也有不同溫度的溫泉。四樓是室內水上樂園 The Palm，有適合一家大小的玩樂設施、人造海浪池，相連的戶外水上樂園則有大型滑水道及漂浮泳池，非常受大人歡迎。六樓是汗蒸室，結束刺激的水上遊樂後，當然要有充分休息。筆者最愛玫瑰鹽汗蒸室、檜木汗蒸室和黃土汗蒸室，還有首次在韓國汗蒸幕出現的熱石汗蒸室，據稱只要跟着指示做 3 次，就能提升免疫力。

汗蒸或玩樂後記得補充水分和能量啊！

5 樓清水堂的露天溫泉池和足浴湯（38~43度），共有 4 個池。

所有消費先以匙卡記錄，離場前結賬便可。

熱石汗蒸室共有 5 間。

玫瑰鹽汗蒸室。

檜木汗蒸室。

2022年7月OPEN

釜山海雲台限定的常設 Ryan 主題店，內有 Kakao Friends Cafe、Kakao Friends 商品店和展覽，還有一個 Ryan My Favourite Thing 4DX 付費體驗館。在 2022 年的釜山國際電影節，這裏曾經是電影人 After party 的其中一個特別場地呢！

Ryan Holiday
in Busan
라이언 홀리데이 인 부산

地　釜山市海雲台區海雲台邊路 292，Grand 朝鮮酒店分館 B1~B2 樓
　　（부산시 해운대구 해운대해변로 292，그랜드조선호텔 별관 B1~B2 층）

時　11:00~20:00（7~8 月 10:00~22:00）

費　B2 層體驗館₩ 20,000，其他展區免費入場

網　instagram.com/ryanholiday.busan/

交　地鐵 2 號線海雲台站 3 號出口，步行 15 分鐘

Kakao friends 迷最愛的曲奇。

從海雲台海灘旁的神秘地下通道前往（就在 Grand Hotel 後方）。

Secret Palace（B1層，免費參觀）

Ryan 宮殿世界的造景 cafe。

B1 層的旋轉 R y a n 噴泉。

Secret Market

（B2 層，免費參觀）

Kakao Friends 商店，部分產品是海雲台獨家限定！

Ryan My Favorite Things

（B2 層，付費區）

Ryan My Favourite Thing 4DX 體驗館。

比想像中多不同的體驗，帶小朋友一齊投入玩一下是不錯。

筆者最愛的星空。

付費區內有 Ryan cinema，可體驗 4D Ryan 歷險，內容就不公開，讓大家親自感受一下。

海雲台 LCT 大樓也是韓國第二高建築。

2020 年開幕的「海雲台 LCT」是釜山最高的複合式大樓（411.6 米），有六星級酒店、購物中心、Busan X The Sky 展望台、水上樂園及高級汗蒸 Spa 等。

Shocking Bridge 透明玻璃走廊，你會挑戰膽量嗎？

Busan X The Sky

부산엑스더스카이

- 地 釜山市海雲台區迎月路 30
  （부산시 해운대구 달맞이길 30）
- 時 10:00~21:00（最後入場時間 20:30）
- 費 13 歲以上 ₩ 27,000、3~12 歲 ₩ 24,000
- 網 www.busanxthesky.com
- 交 地鐵 2 號線海雲台站 3 號出口步行 15 分鐘，或中洞站 7 號出口步行 10 分鐘

從地面搭乘由 10 個 65 吋大型 LED 牆組成的海洋電梯「Sky cruise」，短短 56 秒即可抵達觀景台，下來也只要 48 秒。

以海景為拍照背景的 X the Photo。

從高空俯瞰海雲台海灘，令人想起電影《海雲台》其中一幕。

展望台設有收費望遠鏡。

Busan X The Sky 是**韓國最大型觀景台**，位於 98 至 100 樓，可以眺望海雲台海景、附近都市夜景、廣安大橋、釜山港大橋、二妓台公園、迎月嶺等名勝。另外還有 Shocking Bridge 透明玻璃走廊、世界最高星巴克、X the Lounge，及以海景為背景的 X the Photo、X the Gift 等。

可以即場購買明信片並寄出。

紀念品店 X the Gift。

世界最高的星巴克，咖啡會好喝一點嗎？

SKY99 餐廳。

AMORE 在釜山的旗艦店，共有三層，一樓特選了旗下 11 個品牌的產品，可自由體驗；二樓是 Gallery，旨在傳達品牌的概念和故事；三樓是 Story A，每個季度有不同展示，還設有可以飽覽海雲台舊南路的 Rooftop。而旗艦店旁邊是同集團的 O'sulloc Tea House。

2023年4月OPEN

AMORE BUSAN

아모레부산

地 釜山市海雲台區龜南路 36
（부산시 해운대구 구남로 36）

時 12:00~20:30

休 週一

網 https://design.amorepacific.
com/work/2023/amorepacific/
amore-busan/

交 地鐵 2 號線海雲台站 3 號出口，步行 5 分鐘

試用裝最適合帶去 Spa 或汗蒸時使用。

一樓是 AMORE 的產品區。

LOVE MAKES THE WORLD GO ROUND

釜山特色區，有旅行套裝、面膜、防曬護理等旅行產品。

FOR BUSAN TRAVELER

熱賣產品。

如是外國人，店員會給你一張紙本優惠券兼入場券，離開前可以憑券免費換五件不同的試用裝，還有購物折扣。

店面裝潢簡約，到處擺放着植物。

O'sulloc Tea House 海雲台店的一樓可以看到茶品的製作過程，在「原材料展示區」可以用五感體驗綠茶的原貌；而二樓則設雅座。店舖招牌飲品有抹茶 Shot 維也納（말차 샷 비엔나）、抹茶 Shot 拿鐵（말차 샷 라떼），最能體現濟州抹茶的濃厚味道和風味。

抹茶 Shot 維也納（₩ 7,800），用 AMORE 優惠券享 10% 折扣。

2023年8月OPEN

O'sulloc
Tea House

오설록오설록 티하우스

地　釜山市海雲台區龜南路 36-1
　　（부산시 해운대구 구남로 36-1）
時　11:00~22:00
交　地鐵 2 號線海雲台站 3 號出口，步行 5 分鐘

二樓雅座。

按時段提供試飲。

到訪當天有小抽獎，得到兩包 MOON WALK 三角茶包。

一樓 Open bar。

桂英商會屬傳統酒館，可享受各款米酒和韓式下酒菜。米酒的種類很多，包括全韓國各地的米酒，也有不同酒坊釀造的米酒。

高級韓國傳統米酒 Sampler（막걸리샘플러 ₩ 17,000）。

桂英商會

계영상회

地　釜山市海雲台區龜南路 12-11
　　（부산시 해운대구 구남로 12 번길 11）
時　週一至四 17:00~02:00
　　週五至日 15:00~03:00
網　instagram.com/gyeyuong.sh/
交　地鐵 2 號線海雲台站 3 號出口，步行 5 分鐘

店面是簡潔的韓風裝潢，有吧枱也有私隱度高的大枱。

韓國酒館一般都有下酒菜 Menu，而配傳統米酒的其中一個絕配就是煎餅，圖右為雜錦煎餅（모듬전 ₩ 29,000）。

如果對米酒有選擇困難，或想一次過嚐不同口感和風格的米酒，特別推薦點當天的高級韓國傳統米酒 Sampler，筆者 7 月到訪時，Sampler 包含 4 種米酒，有來自首爾、京畿道華城、京畿道坡州和全羅道海南的，度數由 6% 至 10% 不等，甜度、口感、酒香和風格都不一樣。

佐酒的皇牌之一——牛肉卷大蝦。

幸福食堂 2 號店不僅是旅客，也是當地人的推介店，有信心保證。

二人同行，胃納不大但又想品嚐烤扇貝，幸福餐廳 2 號店就有一個抵食套餐，包括時令刺身＋烤扇貝＋辣魚湯，刺身是兩至三款的拼盤，扇貝新鮮，可選擇加芝士或是原味，辣魚湯是用新鮮魚骨熬成，特別鮮甜。

幸福食堂
2 號店

행복식당 2 호점

地　釜山市海雲台區海雲台邊路 265 號街 9
　　（부산시 해운대구 해운대해변로 265 번길 9）
時　12:00~03:00
交　地鐵 2 號線海雲台站 3 號出
　　口，步行 10 分鐘

刺身非常新鮮。

時令魚生＋烤扇貝＋辣魚湯套餐（회＋조개구이＋매운탕），圖為最少分量（₩ 68,000），另有中₩ 90,000、大₩ 115,000。

如同行朋友不能吃辣，辣魚湯可以請店員走辣。建議先舀一碗魚湯飲用，再點一個白飯放入湯中慢煮，就成綿稠的魚湯粥。

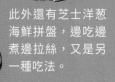

此外還有芝士洋葱海鮮拼盤，邊吃邊煮邊拉絲，又是另一種吃法。

食刺身可以配紫蘇葉和包飯醬。

SPA1899 採用韓國正官庄 6 年根紅蔘，製成發酵高麗蔘濃縮液和高麗蔘精油，以護理身體各部位。這裏按時間和護理部分為 Single care、Multi care 和 Full Care，當中以包括臉部 + 上半身 / 全身的 Multi care treatment 性價比最高。療程開始前要先填問卷，主要查詢有關皮膚問題、力度、喜好及一些需提前提出的病歷及注意事項等。

單項目₩ 150,000 / 60 分鐘起，如時間充裕，建議做 Multi care treatment。

SPA 1899
DONGINBI

地 釜山市海雲台區海雲台邊路 277 6 樓
（부산시 해운대구 해운대해변로 277 6 층）

時 09:00~22:00

交 地鐵 2 號線海雲台站 3 號出口，步行 12 分鐘

足浴位置可欣賞到海雲台的景色。

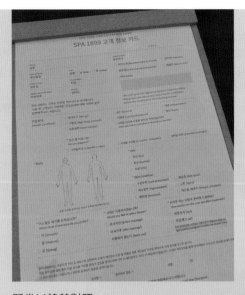

問卷以韓英對照。

換好衣服，喝一杯紅蔘茶後先來一個足浴。

DONGINBI 紅蔘配方系列護膚品。Purifying（自生系列）可增強皮膚對外界環境的抵抗力和自生能力，Balancing（潤系列）不僅能調節肌膚內在的水油平衡、強化肌膚屏障，也具高保濕功效。

高級汗蒸幕 Spa Land 位於海雲台新世界 Centum City 內，設有高級黃土房、炭火房、玫瑰鹽浴房、冰房等不同溫度桑拿房，還有能看到天空的戶外足浴池，最適合旅行期間來消除疲勞。

Spa Land 入口就在 PRADA 與 Dior 兩店之間。

黑炭火房，平均 64~68 度。

Spa Land
Shinsegae

地　釜山市海雲台區 Centum 南大路 35 新世界 Centum City 1 樓
（부산시 해운대구 센텀남대로 35 신세계 센텀시티 1 층）

時　06:00~00:00（售票至 22:30）

休　每月休館 1 次

費　₩ 24,000 / 4 小時起

網　www.shinsegae.com

交　地鐵 2 號線 Centum City 站 12 號出口直通

Spa Land 內有餐廳和小食亭，而最受歡迎的就是自煮拉麵區「라방」，自煮拉麵套餐包一個拉麵和汽水，自助吧的配菜和雞蛋可以隨便使用。拉麵櫃上有超過十種拉麵或撈麵，而 Spa Land 有一款釜山獨有的釜山豬肉湯拉麵，吃不了辣的朋友可以一試。

玫瑰鹽浴房。

戶外足浴池。

自煮拉麵區，跟着說明操作，非常容易。

釜山獨有的豬肉湯拉麵。

Blue line park 青沙浦站。

Blue line park（海雲台藍線公園）是連接尾浦、青沙浦、松亭共 4.8 公里、將東海南部線舊鐵路進行環境再開發的新觀光設施。設有兩種列車，包括在地面行走的 Beach Train（海岸列車）和架空的 Sky Capsule（天空艙），遊客可以輕鬆方式沿着風景優美的海岸線，前往海雲台周邊的青沙浦、松亭等景點。

Haeundae
Blueline
Park

해운대블루라인파크

地 尾浦站：釜山市海雲台區中洞 948-1
　　　（부산시 해운대구 중동 948-1）
　青沙浦站：釜山市海雲台區青沙浦路 116
　　　　　（부산시 해운대구 청사포로 116）
　松亭站：釜山市海雲台區松亭中央路 6-60
　　　　（부산시 해운대구 송정중앙로 6 번길 60）

時 約 09:00~18:00（旺季 ~20:00）

網 https://www.bluelinepark.com/eng/

攝於青沙浦至尾浦一段的黃昏時分。到達尾浦後可以在海旁海鮮店享用烤貝當晚餐。

Sky capsule 等候月台。

海岸列車車廂內部。

淡季及冬季 11 月 ~4 月
平日：每隔 30 分鐘一班
週末：每隔 15 分鐘一班

旺季 5 月 ~6 月及 9 月 ~10 月
每隔 15 分鐘一班

極旺季 7 月 ~8 月
每隔 15 分鐘一班

* 在極旺季、週末或公眾假期遊客較多，運行時間
　或會變動。
* 雨天正常運行，但發生暴雨、颱風等或會停運

Beach Train
及 S k y
Capsule。

海岸列車站點包括尾浦（Mipo）、迎月隧道
（Dalmaji Tunnel）、青沙浦（Cheongsapo）、
橋石觀景台（Daritdol Skywalk）、九德浦
（Gudeokpo）、松亭（Songjeong）。而 Sky
Capsule 於尾浦至青沙浦的 2 公里區間運行，乘
客可在離地 7~10 米高觀賞海雲台海岸風景。

海岸列車費用

搭乘 1 次：　₩ 7,000，單程乘車（下車後無法重新搭乘）
搭乘 2 次：　₩ 12,000，可往返乘車（下車後可再搭乘 1
　　　　　　次）
自由券：　　₩ 16,000，所有車站均可搭乘，但不可兩次
　　　　　　進入同一個車站

Sky Capsule 費用

1~2 人乘坐：　單程 ₩ 35,000
3 人乘坐：　　單程 ₩ 45,000
4 人乘坐：　　單程 ₩ 50,000

套票收費（海岸列車 + Sky Capsule）

Sky Capsule（單程）2 人乘坐 + 海岸列車（自由利用）：
₩ 59,000
Sky Capsule（單程）3 人乘坐 + 海岸列車（自由利用）：
₩ 78,000
Sky Capsule（單程）4 人乘坐 + 海岸列車（自由利用）：
₩ 94,000

青沙浦站附近的
平交道有點像日
本鐮倉《男兒當
入樽》的經典場
面，故吸引不少
人前來打卡。

尾浦站對面就是 Busan x The Sky 和尾里團路小巷。

車站附近有不少 Food truck。

青沙浦站上的海景 Cafe。

釜山的日落。

小貼士 ❶

雖然兩種列車可即場購票，但乘搭 Sky capsule 建議提早網上預約，英文版網頁可以海外信用卡支付。

小貼士 ❷

預購成功後，必須將預約編號截圖及將預約連結儲存好，而且必須在所選時間到場。搭乘時點選網址，向職員出示 QR Code 車票便可。

也可以到櫃台換紙本車票，再掃描 QR Code 上車。

小貼士 ❸

留意天氣及官網公告，如天氣惡劣，Sky capsule 會停運。

小貼士 ❹

想欣賞日落可預早查看日落時間。

2023 年突然人氣急升的小巷，也有人稱作「米里丹路」，附近有 Busan x The Sky、Blue Line Park 等著名景點，從而多了遊人鑽進小巷裏探索。

小巷旁的韓國傳統甜品店。

2023年OPEN

尾里團路

미리단길

- **地** 釜山市海雲台區中洞 1088-39
  （부산시 해운대구 중동 1088-39）
- **時** 因店而異
- **交** 地鐵 2 號線**海雲台站** 3 號出口，步行 15 分鐘；或於**中洞站** 7 號出口，步行 10 分鐘

MEGA COFFEE 旁的巷弄入口地面有「a」的指示。

附近多了不少人氣食店，例如專營醬油醃海鮮的尾浦家。

海理特工（해리공작）的 Fusion 韓國街頭小食。

海理團路

해리단길

名字源於首爾梨泰院的經理團路，水原也有行理團路、慶州則有慶理團路。聚集了不同風格的 Cafe、餐廳、手作小店、甜品店等，形成風格獨特的小區，也是釜山年輕人每逢週末暢遊的地方。

地 釜山市海雲台區佑洞 517-14
　（부산시 해운대구 우동 517-14）
交 舊海雲台車站後面

跨過舊海雲台車站路軌就可到達。

傳統日本抹茶甜品店 Cafe HARA NEKO（하라네코）。

五福豬肉湯飯（오복돼지국밥）極有誠意的白切肉飯桌。

海雲台龜南路文化廣場

해운대구남로 문화광장

2019 年通往海雲台海灘的馬路變成散步道及行人專用區，稱為「龜南路文化廣場」，而路上兩旁的食肆也比以往更多更熱鬧！

地　釜山市海雲台區佑洞
　　（부산시 해운대구 우동）
交　地鐵 2 號線海雲台站 3，5，7 號出口，往海灘方向

番薯蕎麥麵專門店「高美蕎麥（고메밀면）」的煎肉水冷麵。

全樽人蔘酒奉上的蔘雞湯專門店南浦三계탕。

創於 1963 年的著名釜山魚糕店「古來思（고래사）」。

青沙浦

청사포

從海雲台迎月路往松亭海灘方向步行，會看到三個沿岸浦口，分別為九德浦、尾浦與青沙浦。青沙浦是釣魚熱點，也是海帶產地，所以天氣好時或會遇上海女們呢！

青沙浦有點漁村的味道，有海邊的海鮮餐廳、青沙浦烤貝殼村（청사포조개구이촌）、青沙浦刺身街（청사포회거리）和 Cafe。附近還有青沙浦天空步道、雙子紅白燈塔，隨意逛逛可以花上小半天。

天氣好有收穫就會有這種即日鮮的海產市場。

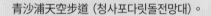

沿岸都是海鮮店。給大家一個小貼士，如果是獨行俠，可於午餐時間前來，店家점심특식提供一人前的午市特餐회＋매운탕，即是刺身＋辣魚湯。

青沙浦天空步道（청사포다릿돌전망대）。

青沙浦有名的雙子燈塔（청사포 쌍둥이 등대），一紅一白。

海女正在出海捕海產。

🟦地 釜山市海雲台區中洞591-15
（부산시 해운대구 중동591-15）

🟦交 地鐵 2 號線萇山站 7號出口，於前方公車站搭乘綠色小巴海雲台02，至「青沙浦」下車

冰咖啡、夏日特飲、手工甜餅

青沙浦驛
청사포역

青沙浦一帶有不少特色 Cafe，當中包括用了青沙浦驛站命名的 Lounge cafe，內有韓屋裝潢，後花園又有另一番佈置。青沙浦驛有各款傳統韓式甜品，如紅豆刨冰、米漿牛奶、年糕丸子等，也有不少自家烘焙，當中的楓糖酥皮更是人氣之選。

傳統韓式甜品。

地 釜山市海雲台區青中洞 637-3
　（부산시 해운대구 청중동 637-3）

交 地鐵 2 號線萇山站 7 號出口，於前方車站乘綠色小巴海雲台 02，至「青沙浦」下車，步行 5 分鐘

青沙浦的店舖大多同時賣鰻魚和烤貝，可一次過滿足兩個願望，而我最看重的，就是生烤鰻魚最為上品，因為有部分鰻魚店會將鰻魚先烤至八成熟再放在烤盤上，跟用炭火慢慢生烤是有分別的！

筆者最愛鹽烤鰻魚。

燈塔鰻魚烤扇貝店
등대장어조개구이집

地 釜山市海雲台區青沙浦路 145
（부산시 해운대구 청사포로 145）

地 11:30~22:00

交 地鐵 2 號線萇山站 7 號出口，於前方車站乘綠色小巴海雲台 02，至「青沙浦」下車，步行 2 分鐘

海產新鮮。

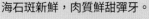

海石斑新鮮，肉質鮮甜彈牙。

新鮮鰻魚，配上韓式調味醬。

燈塔鰻魚烤扇貝店由一對夫婦用心經營，用料新鮮，我們一行三人點了套餐 B（세트메뉴 B，₩ 80,000），有新鮮扇貝、蝦、鰻魚、海石斑、拌小菜和小青口湯，海石斑可以刺身上，上台時仍看到神經跳動，證明非常新鮮！套餐 A（세트메뉴 A，₩ 60,000）則有扇貝、蝦、鰻魚。

炭火慢烤扇貝，先嚐原味。

韓國人喜歡將扇貝加入洋葱及芝士同煮。

小青口湯鮮甜，暖胃解酒一流。

煎餅很香脆。

二人前的分量。

青沙浦燈台家

청사포등대끝집

燈台家有幾家分店,都是開在海邊附近,而我是被那濃濃的鮑魚粥、新鮮的海鮮拼盤和自製煎餅而吸引到來的!二人定食按每位計算,有鮑魚粥、海鮮拼盤、自製煎餅、菜包肉、生魚片等,可以一次過品嚐多款料理。

地 釜山市海雲台區中洞 577
　　(부산시 해운대구 중동 577)
電 051-702-0123
時 10:00~21:00
交 地鐵 2 號線萇山站 7 號出口,於前方車站乘綠色小巴海雲台 02,至「青沙浦」下車,步行 2 分鐘

二人份鮑魚粥 (₩ 17000 / 1 人)

海鮮拼盤有海菠蘿。

自製煎餅。

海雲台路線推介

不要錯過的行程

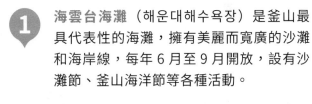

① 海雲台海灘（해운대해수욕장）是釜山最具代表性的海灘，擁有美麗而寬廣的沙灘和海岸線，每年 6 月至 9 月開放，設有沙灘節、釜山海洋節等各種活動。

② 隨着海雲台海灘廣為各國遊客認識，1999 年形成的**海雲台傳統市場**（해운대전통시장）也熱鬧起來。

海雲台傳統市場內有很多海產料理餐廳，如烤魚、刺身、盲鰻、河豚、辣魚湯，也有麵食、街頭小食、傳統打糕甜點等等。特別一提，在這市場，就算是一人遊也沒問題，因為很多餐廳都接受一人點餐的。

3 近年大熱的海運台 31cm 海物칼국수（海雲台 31 厘米海鮮刀削麵）。

4 신해운대횟집（新海雲台刺身店），設有一人海鮮餐。

5 The Bay 101 可說是海雲台最新地標建築，位於海雲台冬柏島入口的遊艇俱樂部。除了可享用各種海上活動，會所也有不同設施和食肆，景致一流。

水上活動包括 Yacht Tour、半潛水艇、噴氣船、水上電單車、快艇、香蕉船、花生船等等，而 Yacht Tour 更有 Sun Set Tour，可以觀賞日落和廣安大橋。

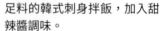

足料的韓式刺身拌飯，加入甜辣醬調味。

即滾豆腐辣魚湯。

Fingers & Chat Fish & Chips（1/F），晚飯後想來點小食就最適合不過。

家庭養生、快閃海雲台三天兩夜

住宿：機張酒店渡假村、松亭或海雲台一帶酒店

行程：釜山樂天世界、Skyline Luge、Lotte Premium Outlets、Cabinet de Poissons、海東龍宮寺等，集探險、戶外活動、歷史自然和文化於一身。

此外 ClubD Oasis 有不同功能的汗蒸幕，尤其是熱石排毒的免疫工房，夏天前往的話建議也體驗 ClubD Oasis 的水上樂園。

提提大家，記得要好好運用 Visit Busan Pass 喔！（見 P.14 Visit Busan Pass 攻略）

第一天

中午：入住 Ananti Hilton Busan

下午：Skyline Luge、釜山樂天世界

晚餐：釜山樂天世界外一帶餐廳 / Ananti Hilton Busan 內餐廳

第二天

早上：早餐後，參觀 Cabinet de Poissons

午餐：遊覽九曲竹林後品嚐鐵馬荷葉飯

下午：遊覽海東龍宮寺、Lotte Premium Outlets

晚上：住宿 Ananti Hilton Busan / 海雲台一帶酒店

第三天

早上：Blueline Park 列車

午餐：青沙浦觀光、海鮮或韓全食

下午：Busan X The Sky
ClubD Oasis 汗蒸幕

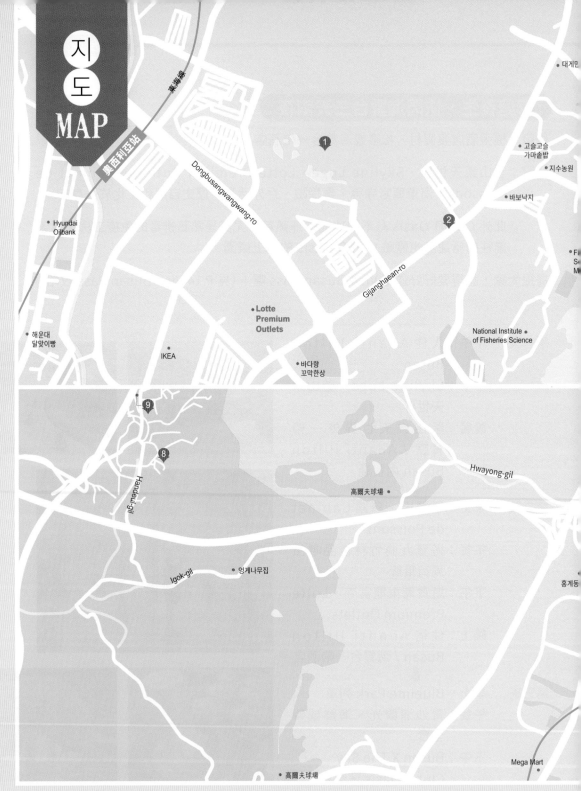

東海線

奠西利亞站

Dongbusangwangwang-ro

❶

❷

Gijanghaean-ro

대게민

고슬고슬
가마솥밥

지수농원

바보낙지

Hyundai
Oilbank

Fi
S
M

해운대
달맞이빵

Lotte
Premium
Outlets

IKEA

바다향
꼬막한상

National Institute
of Fisheries Science

❾

❽

Handeul-gil

高爾夫球場

Hwayong-gil

Igok-gil

엉게나무집

홍계동

高爾夫球場

Mega Mart

❶ 釜山樂天世界 ❷ SKYLINE Luge ❸ Ananti Hilton Busan ❹ Eternal Journey
❺ da MOIM ❻ SANT' EUSTACHIO IL CAFFE ❼ Cabinet de Poissons
❽ 九頭山竹林 ❾ 鐵馬荷葉飯

3
4
5
6

Ananti
Hilton
Hotel

° Osiria
Beach Park

° 高爾夫球場

東
海
線

Greetvi °
Coffee

北
雉

機張
기장

機張是韓國釜山市的一個郡，位於東釜山，近海雲台區，臨近日本海。機張除了以冬季當造的松葉蟹聞名，近年通車的東海線鐵路也令該處生色不少。附近不僅有 Lotte Premium Outlets，也新增不少沿海特色咖啡廳及遊玩設施，包括釜山樂天世界、Skyline Luge 等，也有新型五星級渡假村，吸引韓國人前往旅遊和 Staycation。

機張大部分景點集中於東海線東釜山旅遊區站（오시리아역）一帶，英文站名為 Osiria，中文音譯為「奧西利亞」。

交 通 方 式

❶ 地鐵東海線至奧西利亞（오시리아역）站

❷ 巴士 100、139、181、185、1001，如乘 1001 巴士到東釜山，由釜山站出發車程約 1.5 小時；由海雲台站出發車程約 45 分鐘

注意不能帶外來食物進場。

2022年3月OPEN

釜山樂天世界

롯데월드 어드벤처 부산

地 釜山市機張郡東釜山觀光路 42
（부산시 기장군 동부산관광로 42）

時 10:00~21:00

費 一日券：成人₩ 47,000、學生₩ 39,000、孩童
₩ 33,000、嬰兒₩ 12,000
16:00 後入園：成人₩ 33,000、學生₩ 31,000、孩
童₩ 29,000、嬰兒₩ 12,000
Magic Pass Premium 快速通關：使用 2 次
₩ 15,000、使用 4 次₩ 27,000
持 Visit Busan Pass：免費入場
校服租借價格：日租₩ 20,000，包含襯衫、領結、
裙子或褲子三件式
額外租用：外套、手袋、鞋各₩ 5,000
* 門票可即場購買。

交 1. 地鐵東海線奧西利亞（오시리아역）站 1 號出口，
步行約 15 分鐘
2. 巴士 100、139、181、185、1001，於奧西利亞
站下車，步行 15 分鐘。若由釜山站乘 1001 巴
士，車程約 1.5 小時。

出發前可以先下載
釜山樂天世界的地
圖，現場也可以
QR Code 即時下
載，目測園區內沒
有提供紙本地圖。

釜山樂天世界佔地**比首爾的大三倍
多**，開幕時備受注目，就連 BTS 也
曾在此舉行 Yet to come concert
after party。

樂園分為 Tinker Falls、Rainbow
Springs、Wonder Woods、Royal
Garden、Joyful Meadows、
Underland 六大區域，共有 24 項
設施、咖啡廳、各國菜式餐廳、小
食檔等，有別於其他樂園，這裏的
食物價格跟外面同類型店無異。

Giant Diger 以時速 105km、360 度旋轉
的刺激度取勝，離心力超強！

最熱門機動遊戲

釜山樂天世界的機動遊戲以 Giant Splash、Giant Swing 和 Giant Diger 最熱門，周圍都是此起彼落的尖叫聲。

Giant Splash 的設計為 180 度 U 型軌道，從 13 層樓的高度直線下降，來回兩次後，再俯衝進約 2000 噸水量的水道。

Giant Swing 是一個 360 度的巨型鞭鞦，高 45 米，時速 110km，不過小心有東西從天而降！

會說話的大樹 Talking Tree

大人小孩都愛在 Talking Tree 逗留，就像走進了童話世界。

Garden Stage 歌舞劇

每天有兩場大型歌舞表演，演出時間會依據季節調整。

園內有各國菜式的餐廳、快餐、foodcourt 等。

兒童專用遊樂設施

Little Farm Land 有各種兒童專屬遊樂設施，糖果列車也方便家長和小朋友在園內移動。大人小朋友都喜歡的魔幻森林遊行每天有兩場，而晚上8 點的遊行相當壯觀。注意遊行會因應天氣情況而有變動。

小朋友也可以玩的激流。

Rock candy mountain railroad。

糖果列車。

Foodcourt 價格實惠，單品平均
₩ 9,000 起。

不難發現園
內到處都是
學生身影。

樂天世界 Icon

Lorry Castle 是樂天世界的 Icon，很多人都喜歡在這裏打卡留念，而城堡內的 Lorry's Dress Room 提供**校服租借服務**，不僅很多韓國情侶會租借，就連遊客也可當一天韓國高中生！

園區內設有嬰兒車租用服務。

也可在園區租借行動電源及儲物
櫃，非常便利。

紀念品
店。

斜坡滑車體驗 SKYLINE Luge 2021 年開幕,是釜山流行親子景點,小朋友身高 85 厘米以上就可以玩。滑道全長 1.5 公里,主要分為藍色與黃色賽道,路程到一半時會出現叉路,客人可按風景、S 型過彎數量等自由選擇。

SKYLINE Luge

스카이라인 루지

地 釜山市機張郡機張海岸路 205
(부산시 기장군 기장해안로 205)

時 週一至五 10:00~19:00
週六、日及假日 10:00~20:00

費 2 程券₩ 27,000｜3 程券₩ 30,000
4 程券₩ 33,000｜5 程券₩ 36,000
* 門票可即場購買。

交 1. 地鐵東海線奧西利亞 (오시리아역)
站 1 號出口,步行約 15 分鐘
2. 巴士 100、139、181、185、
1001,於海東龍宮寺 / 國立水產科
學館站下車,再步行 5 分鐘。若由
釜山站乘 1001 巴士,車程約 1.5 小
時。

身高 85cm 以上:Luge 及纜車均須由成人陪同搭乘
身高 110cm 以上 + 滿 6 歲:Luge 可獨立搭乘、纜車須成人陪同
身高 135cm 以上:Luge 及纜車均可獨立搭乘
身高 150cm 以上 + 滿 19 歲:Luge 及纜車均可獨立搭乘,可陪同兒童共乘

入口處有小食亭及便利店。

斜坡滑車由紐西蘭引進。沿途禁止停下拍照,結束後會透過安全帽旁的「相機」傳送到指定機台,可以看到賽道上攝影機錄影或拍下的照片,喜歡的話可以購買,也可以購買電子檔自己下載。另外玩第二次時,可以直到另一條 Skyride,出示已被蓋章的手背就可(代表已玩過第一次及聽過教學)。

釜山樂天世界園區全景。

購票後先選安全帽。

出發前會有簡單的安全教學。

斜坡滑車體驗券按次數購買，每次最少買 2 程，最多 5 程，若持有 Visit Busan Pass 可免費玩 2 程（更新至 2023 年 10 月，最新資訊以官網公佈為準）。購票後，先到一旁選擇安全帽，從 XS 到 XL 都有，小童至成人都適用。

驗票後搭乘纜車直到山頂，途中能俯瞰整個斜坡滑車賽道，也可遠眺釜山樂天世界園區全景。提提大家必須收好票，因為驗票必須出示票上的 QR Code。

園區內也設有高空滑索。

Ananti Hilton Busan 坐擁絕色海景，尤其是 Ananti Cove 前的海岸步道更是美不勝收。酒店旁連接一個小廣場，有不同餐廳、複合式書店和 Cafe，非住客也可前來享受海景。

Ananti Cove 前的海岸步道。

Ananti Hilton
Busan
아난티 힐튼 부산

地 釜山市機張郡機張邑機張海岸路 268-32
（부산시 기장군 기장읍 기장해안로 268-32）

網 www.hilton.com/en/hotels/pushihi-
ananti-hilton-busan/

交 乘地鐵東海線至奧西利亞（오시리아역）
站，轉的士約 6 分鐘。或可乘巴士 100、
139、181、185、1001 等在東岩後門
站（동암후문）下車，步行到渡假村

廣場上有不少特色商店。

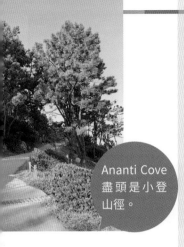

釜山最接近海邊的書店，面積達 1652 平方米，有 2 萬多本藏書。與主要展示暢銷書或新書的書店不同，Eternal Journey 將書籍分為 55 個主題，讓讀者選擇符合自己喜好和生活方式的書。此外還有海外原著、限量版書籍、設計書籍等。書店的另一邊則有商店和咖啡店。

Eternal Journey
이터널저니

Ananti Cove 盡頭是小登山徑。

網 ❶ eternaljourney.
ananti.kr/insight
❷ instagram.com/
eternaljourney_life/

書店空間感十足，書籍共分為 55 個主題。

Eternal Journey 書店（이터널 저니）。

咖啡廳。

主題選書角落。

釜山地區作家和設計師的產品櫃枱。

da MOIM

다모임

時 早餐：07:00~10:30
　 午餐：12:00~15:00
　 晚餐：（平日）18:00~21:00
　　　　（假日）18:00~21:30

da MOIM 走高雅路線。

菜式包羅萬有。

即點即煮的鐵板龍蝦。

肉質彈牙鮮甜。

主打當地新鮮農產品和海鮮，廚師在開放式廚房烹調食物。其中的午市自助餐供應韓國、亞洲和西式經典菜餚，更設多個即點即煮 Corner，鐵板龍蝦、牛油鮑魚、蒸長腳蟹、清蒸鮑魚、羊架、牛柳、新鮮刺身壽司一應俱全。

新鮮刺身。

SANT' EUSTACHIO IL CAFFE

산 에우스타키오 일 카페

位於 Ananti Hilton Busan 旁商場內，SANT' EUSTACHIO IL CAFFE 是意大利羅馬有名的咖啡品牌，一直保持自 1938 年傳承下來的優質咖啡傳統。除了室內，也有戶外雅座，可以一邊吹着東海的海風，一邊品嚐名品咖啡。很多客人都喜歡品嚐金杯咖啡，和購買金杯作為手信。

時　10:00~21:00
網　instagram.com/santeustachioilcaffekorea

店內的白色鹿角是其標誌。

Take a break。

戶外可享受 180 度全海景。

Light River，輕觸一下燈泡便會亮着。

Cabinet de Poissons 是可互動的 **Media Art**，通過媒體技術呈現藝術作品，結合自然和人類的元素，表達尊重自然、熱愛人文、尊重共存的價值，體驗一下自然、人類、過去、現在和未來價值共存的獨特故事。展覽分為 Time Elevator、Alive Nature、Light River、Paradise Hills、Timeless Cocoon 和 Message Room。

Cabinet de Poissons

캐비네 드 쁘아쏭

地 釜山市機張郡機張邑機張海岸路 268-31
（부산시 기장군 기장읍 기장해안로 268-31）

時 11:00~19:00

休 週四

費 成人 ₩ 15,000｜小童 ₩ 10,000
持 Visit Busan Pass 可免費參觀

交 從 Ananti Hilton Hotel 出發，前往 Ananti Cove，目前 Cabinet de Poissons 在 Ananti Cove 的新媒體藝廊中舉辦展覽。

Message Room。

Timeless Cocoon 內的萬花筒世界。

Timeless Cocoon
像鏡子時
光隧道。

Paradise Hills
巨大的瀑
布。

水、火、
風與我的
互動。

Alive Nature
花瓣綻放。

開滿形形色
色的花朵。

九頭山竹林入口有提供桂皮水，用以防蚊。

九頭山竹林又名九曲山林，佔地約 52 萬平方公里，有近 400 多年歷史。以竹子聞名，大部分為龜甲竹，也有黑竹，韓劇《月之戀人──步步驚心：麗》、《大撲》、《獄中花》、《君主──假面的主人》、《王在相愛》等都在此取景。

初夏的竹林特別青翠，踏入秋天顯得墨綠。

九頭山竹林

아홉산숲

地 釜山市機張郡鐵馬面美洞街 37-1
（부산시 기장군 철마면 미동길 37-1）

時 09:00~18:00

休 週一

費 ₩ 5,000

交 乘巴士 73、184（石吉方向）到熊川站下車，徒步 5 分鐘

有太陽時會分外翠綠。

竹林路。

走到最後會看到傳統韓屋「觀薇軒」。

一片荷葉田。

在九頭山竹林附近、蓮花公園旁有一家以藥食同源為主旨的韓食店。店家就地取材，**主打荷葉飯定食**，配上韓牛肉餅（연잎밥 한우떡갈비장식₩ 18,000）或烤豬排（연잎밥 돼지갈비정식₩ 16,000），最有誠意之處是烤豬排會以黃銅碟以微火烘着，保證每一口肉都是熱騰騰的。

鐵馬荷葉飯

철마연밥

地 釜山市機張郡鐵馬面熊川里 324-6
（부산시 기장군 철마면 웅천리 324-6）
時 11:30~21:00
休 週一
交 地鐵 4 號線**盤如農產品市場站** 2 號出口，轉乘巴士 184，於荷花公園入口（연꽃공원입구）下車

荷葉飯烤豬排定食，圖為 4 人前（點餐需為 2 人前起）。

充滿營養的荷葉飯。

荷葉茶。

生洋蔥沙律，包肉吃能解膩。

大大塊豬排切得厚身，肉汁豐盈。

Lotte Premium Outlets Busan

롯데프리미엄아울렛 동부산점

地 釜山市機張郡機張邑機張海岸路 147
（부산시 기장군 기장읍 기장해안로 147）

時 10:30~20:30 或 21:00

休 每月不定期一天

交 1. 地鐵東海線奧西利亞（오시리아역）站
1 號出口，步行約 10 分鐘
2. 巴士 100、139、181、185、1001，
於 Lotte Mall 站下車。由釜山站乘
1001 巴士，車程約 1.5 小時。由地鐵
2 號線海雲台站 7 號出口，轉乘 181、
100 號。

Lotte Premium Outlets Busan 位於 Osiria 旅遊區內。一樓是海外名牌區，有 500 多個國內外知名品牌進駐；二樓售時尚服飾及戶外品牌；三樓是餐廳區及小吃店，還有兒童玩樂設施、Lotte Mall、Lotte Mart、Lotte Cinema 等，應有盡有，是當地人和旅客最愛的行程之一。Outlet 貨品多數有 15-60% 折扣，而且設退稅專櫃，所以出發前建議先上網查看心水品牌和護照隨身啊！

Outlet 的外觀及顏色有點像希臘渡假勝地聖托里尼的建築。

部分國際品牌需輪候進店。

Outlet 內設小食店，供應炒年糕、魚糕串、各式炸物等等。

Outlet 旁邊就是 Lotte Mall 和 Lotte Mart，大可消磨一整天。

樓層導覽

B1： 停車場、寵物樂園（狗狗咖啡館、草坪遊樂場）、三星汽車（銷售展示、維修服務）

1F： 海外時裝、時尚配飾、女裝、男裝、運動

2F： 戶外、女裝、年輕時尚、童裝、高爾夫、家用電器

3F： 餐廳、小吃、熟食店、兒童設施

4F： 空中花園、泰迪熊博物館、燈塔展望台

海東龍宮寺

해동용궁사

🔲地 釜山市機張郡機張邑龍宮路 86
（부산시 기장군 기장읍 용궁길 86）

🔲時 05:00~ 日落

🔲交 乘地鐵東海線至奧西利亞（오시리아역）站，轉的士約 6 分鐘。或可乘巴士 100、139、181、185、1001 等在海東龍宮寺站下車

夏天會在寺廟內看到繡球花。

海東龍宮寺位於東海最南端，臨海而建，據紀錄於 1376 年由恭湣王時期的王師懶翁大師所建。韓國有三大觀音聖地：海東龍宮寺、襄陽洛山寺、南海菩提庵，當中的海東龍宮寺是唯一一個將大海、龍和觀世音菩薩融合在一起的寺廟。

入口有十二支神像，走下 108 階石梯後就見龍宮。再過許願橋後，會見到學業成就佛、得男佛等不同佛像。

學業成就佛。

海水觀音大佛。

灌浴佛。

大雄寶殿旁的金色彌勒佛。

釜山是個海鮮城市，要食大蟹就一定要去機張才算精明，而機張市場更是**以大蟹聞名**，就連札嘎其市場部分大蟹的來貨也是來自機張。

問過機張市場食店老闆，原來部分大蟹來自韓國港，也有部分來自北俄羅斯附近海域，水源沒有受污染之餘，大蟹也有一定的大小，肉質特別鮮甜。

機張市場距離海雲台約 30 至 40 分鐘車程。

機張市場

---기장시장---

其中一家大蟹名店「機張大蟹（기장대게）」。

- 地 釜山市機張郡機張邑邑內路 104 號街 8
（부산시 기장군 기장읍 읍내로 104 번길 8）
- 時 10:30~20:00
- 交 1. 東海線機張站 1 號出口，步行約 5 分鐘
  2. 地鐵 2 號線海雲台站 7 號出口，乘巴士 39、181 到機張市場站
  3. 於釜田火車站（由地鐵 1 號線釜田站步行約 5 分鐘）或新海雲台站乘火車無窮花號，可直達機張市場

每家大蟹店的品質和價格不相百仲，店員會出來為客人介紹，也可以自行直接選蟹。

蒸好大蟹後，有專人代為開蟹。

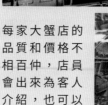

點一碗白飯拌蟹膏同吃才是王道。

Mom's Touch

Yolo Pizza & Coffee

오륙도해물탕

강원도순두부

Haemaji-ro

Wollaehaean-gil

妙觀音寺

The moving

Waveon Coffee

해물칼국수

預約方式

到預約（예약）頁面中選取日子便可看到當日的預約情況。黃色字代表該型號房車已被預約，紅色字代表可以預約，綠色字則是已被預約但仍未付款。選取了日子及型號後要選擇逗留時間及入住人數，完成後填寫個人資料即可。

露營車可供 2~4 人使用（基準為 2 人，追加人員每人每晚加 ₩ 20,000），Family車可供 4 人使用。每架露營車每晚費用₩ 97,000~ ₩ 267,000，依季節、特別日子（如假日及特定日）而異。頁面上的「A」代表平日（週日至四），「B」代表週末（週五、六）。

The moving

더무빙 카라반

韓國首個 Caravan（露營房車）專用露營場，Caravan 外形小巧可愛，但非常實用和舒適。每一架露營車都配三角小屋，是 BBQ 和淺酌夜談的小天地。

🏠 釜山市機張郡長安邑日出路 290
　（부산시 기장군 장안읍 해맞이로 290）
🕐 Check-in 15:00（建議日間 Check-in）
　Check-out 11:00
🌐 ❶ themoving.kr
　❷ instagram.com/themoving_caravan
🚃 東海線月內站（距奧西利亞站 5 個站），
　步行 10 分鐘

每一露營車都配三角小屋。

夜晚小燈泡亮起，分外浪漫。

麻雀雖小，五臟俱全。

內部設施

包括一張雙人床或上下層床、暖氣（電加熱器）、冷氣、雪櫃、電熱水壺、毛巾、藍牙音響等。

場內也有燒烤爐提供，但炭和燒烤網需要另付₩30,000，食物可自備也可預訂。Check in 時可預先告訴職員開爐時間，由職員起火。附近也有餐廳及咖啡店，十分方便。

露營區內不同位置也有吊床。

外部設施

豪華帳篷備有燒烤設施、烹飪工具（鍋2個、菜板、餐具、刀、剪刀、夾子）、烤架、平底鍋、冰盒、燃燒器（煤氣罐）、紅酒杯、紅酒開瓶器等。

公用設施則有衛生間、浴室（洗頭水、護髮素、沐浴露、潔面劑、牙膏）、廚房（調味料、電飯煲、電磁爐、微波爐、製冰機、烤麵包機、淨水器、洗衣機）、小賣部、露天泳池（夏季限定，水深0.8米）、浴室（吹風機、棉棒）等，設施乾淨整潔。

韓豚 BBQ 套裝（2 人分量₩ 49,000）

包括豬頸肉、豬前腿（共 450g）、香腸、松茸、魚餅、芝士年糕、菠蘿、生菜、蘇子葉、辣椒、大蒜、包飯醬、拌蔥絲、辛奇、醬菜。

羊排 BBQ 套裝（2 人分量₩ 69,000）

包括澳洲純淨地區吃草長大、未滿 1 歲的羔羊 550g、香腸、松茸、魚餅、芝士年糕、菠蘿、大蔥、生菜、蘇子葉、辣椒、大蒜、包飯醬、拌蔥絲、辛奇、醬菜。

筆者一行 5 人，訂購了韓豚 BBQ 套裝（2 人）和羊排 BBQ 套裝（2 人），而韓牛就在市區超級市場選購，也買了翌日早餐材料。

其他 BBQ 食材收費

韓牛 BBQ 套裝（2 人分量）₩ 129,000

包括韓牛（1++ 裏脊）450g、香腸、松茸、魚餅、芝士年糕、菠蘿、生菜、蘇子葉、辣椒、大蒜、包飯醬、拌蔥絲、辛奇、醬菜。

韓豚 300g ₩ 29,000

羊排 400g ₩ 49,000

韓牛 300g ₩ 79,000

包飯蔬菜套餐 ₩ 9,000

小貼士

BBQ 套裝可在當晚 8 點前訂購。BBQ 以外小賣部也供應魚糕湯、棉花糖套裝、即食麵、速食飯、餅乾、酒類、飲料等。

안녕하세요！

釜山 旅遊 新 情報
2024~25 最新版

Joyce Cheuk 著

著者
Joyce Cheuk

責任編輯
蘇慧怡

裝幀設計‧排版
鍾啟善

出版者
知出版社
香港北角英皇道 499 號北角工業大廈 20 樓
電話：2564 7511　傳真：2565 5539
電郵：info@wanlibk.com
網址：http://www.wanlibk.com
　　　http://www.facebook.com/wanlibk

發行者
香港聯合書刊物流有限公司
香港荃灣德士古道 220-248 號荃灣工業中心 16 樓
電話：2150 2100　傳真：2407 3062
電郵：info@suplogistics.com.hk
網址：http://www.suplogistics.com.hk

承印者
美雅印刷製本有限公司
香港九龍觀塘榮業街 6 號海濱工業大廈 4 樓 A 室

出版日期
二〇二三年十二月第一次印刷

規格
16 開（240 mm × 170 mm）

特別鳴謝
釜山觀光公社